U0613161

岭南文化知识书系编辑委员会

主　　编：陈建文

副 主 编：倪　谦　谭君铁

编　　委：（按姓氏笔画为序）

岭南文化知识书系

岭南文库编辑委员会
广东中华民族文化促进会 合编

南园五先生

陈恩维 著

SPM 南方传媒 广东人民出版社
·广州·

图书在版编目（CIP）数据

南园五先生/陈恩维著. —广州：广东人民出版社，2023.12
（岭南文化知识书系）
ISBN 978-7-218-17293-4

Ⅰ.①南… Ⅱ.①陈… Ⅲ.①诗人—列传—广东—元代—明代 Ⅳ.①
K825.6

中国国家版本馆 CIP 数据核字（2023）第 252313 号

Nanyuan Wu Xiansheng

南园五先生

陈恩维 著

出 版 人：肖风华

策划编辑：夏素玲
责任编辑：饶栩元　唐明映
装帧设计：邦　邦
责任技编：吴彦斌

出版发行：广东人民出版社
地　　址：广州市越秀区大沙头四马路 10 号（邮政编码：510199）
电　　话：（020）85716809（总编室）
传　　真：（020）83289585
网　　址：http://www.gdpph.com
印　　刷：佛山市迎高彩印有限公司
开　　本：889mm×1194mm　1/32
印　　张：5　字　　数：82.7 千
版　　次：2023 年 12 月第 1 版
印　　次：2023 年 12 月第 1 次印刷
定　　价：35.00 元

如发现印装质量问题，影响阅读，请与出版社（020-85716849）联系调换。
售书热线：（020）87716172

出 版 说 明

　　岭南文化是中华民族文化中特色鲜明、灿烂多彩、充满生机活力的地域文化，其开发利用已引起社会的重视。对岭南文化丰富内涵的发掘、整理和研究，虽已有《岭南文库》作为成果的载体，但《岭南文库》定位在学术层面，不负有普及职能，且由于编辑方针和体例所限，不能涵盖一些具体而微的岭南文化现象。要将广东建设成为文化大省，必须首先让广大群众对本土文化的内涵有所认识，因此有必要出版一套普及读物来承担这一任务。出版《岭南文化知识书系》的初衷盖出于此。因此，《岭南文化知识书系》可视作《岭南文库》的延伸。

　　书系采用通俗读物的形式，选题广泛，覆盖面广，力求文字精炼，图文并茂，寓知识性于可读性之中，使之成为群众喜闻乐见的知识丛书。《岭南文化知识书系》由岭南文库编辑委员会与广东中华民族文化促进会共同策划、编辑，岭南文化知识书系编辑委员会负责具体实施工作，广东人民出版社出版。

岭南文化知识书系编辑部

2004 年 8 月

目　录

一、风雅首推南园地

酌酒南园上

所谓"南园五先生"，是指元末明初南海孙蕡、王佐以及番禺黄哲、李德、赵介五位在广州南园结社吟诗的诗人。

元至正十一年（1351）前后，中原与江南地区的抗元农民起义已经风起云涌，但广州由于交通的阻隔，相对于中原的动乱，反倒具有一种分外的宁静。孙蕡《广州歌》这样描写当时的广州城繁华情景：

> 广南富庶天下闻，四时风气长如春。
> 长城百雉白云里，城下一带春江水。

广州城的富庶天下闻名，城墙高耸，城外珠江绕城，四季如春，景色宜人。

少年行乐随处佳，城南南畔更繁华。朱楼十里映杨柳，帘栊上下开户牖。闽姬越女颜如花，蛮歌野曲声咿哑。

城南的南濠畔，是广州最为繁华之处。那里杨柳依依、朱楼掩映，貌美如花的闽姬越女尽情歌唱，鲜衣怒马的少年更是四处行乐。

岿峨大舶映云日，贾客千家万家室。春风列屋艳神仙，夜月满江闻管弦。良辰吉日天气好，翡翠明珠照烟岛。乱鸣鼍鼓竞龙舟，争睹金钗斗百草。游冶留连忘所归，千门灯火烂相辉。游人过处锦成阵，公子醉时花满堤。扶留叶青蚬灰白，盆饤槟榔邀上客。丹荔枇杷火齐山，素馨茉莉天香国。

珠江的码头，停泊着高大巍峨的外国商船，云集着成千上万的客商；街市上商铺林立，弦歌不辍。在天朗气清的日子里，珠江中的海珠岛如一颗翡翠明珠。只听见声声鼓响，几条龙舟划过江面，引得两岸的游客纷纷驻足观看，忘记了回家。夜幕降临，万家灯火次第亮起，商家摆出了一盘盘灰白色的蚬贝，还有青青的扶留和槟榔、红色的荔枝

明代羊城八景之"珠江晴澜"

广州的帆船

19世纪广州河南的景色

东莞伯何真像

和黄色的枇杷供游人选用。素馨花、茉莉花装饰着河堤两岸，散发出浓郁的香味，衣着光鲜的游人们流连忘返，一个个买醉而归。美丽的南园，就位于广州城南玉带濠畔一带的闹市之中。

广州在元末有如此安定的环境，离不开一个人——何真。何真（1321—1388），字邦佐，东莞人。少年时的何真，英俊而又挺拔，喜欢读书、舞剑。元朝末年，广州各地盗贼蜂起，何真聚集了一批义勇乡兵，保卫乡里。当时，海寇邵宗愚借义军抗元之力，攻陷广州，擒杀广东要员，大肆焚掠百姓。何真率义勇打败邵宗愚，收复了广州，使之很快恢复了平静。他因此获擢升广东分省参政，不久又被提拔为右丞、资德大夫。

元至正二十三年（1363），何真开署求士，孙蕡、王佐、赵介、李德、黄哲五人并受礼遇，参与军政，时人称为"五先生"。赣州熊天瑞，引舟师数万袭何真。何真迎战

何真公祠

于胥江，击败熊天瑞，由此更得朝廷信赖，成为显赫一方的岭南霸主。

至正二十八年（1368）正月，元朝灭亡，朱元璋改国号大明，改元洪武。当时有人劝何真效法赵佗割据岭南，但孙蕡等人为了不让岭南生灵受战火涂炭，力劝何真归顺明廷，并为他代拟了降表。最终，明军不费一枪一弹，平定了两广。何真因降附有功，奉诏入朝。朱元璋当面赞扬他。重臣宋濂、方孝孺等也对何真推崇有加："保障南服，识时知命，又南越以来所未有也。"

南园诗社在元末的初次结社，约在元至正十一年（1351）。参与诗社活动的诗人，除孙蕡、王佐为主要组织者外，还有黄哲、李德、黄楚金、黄希贡、黄希文、蔡养晦、蒲子文、黄原善、赵安中及其弟赵澄、赵讷等。不过，诗社很快因为邵宗愚之乱而解散，直到元至正二十三年（1363）何真开署求士，孙蕡等人并受礼遇，南园诗社又得以恢复活动。孙蕡《琪林夜宿联句一百韵并序》对此有详细记载。

南园诗社的成员，绝大多数为当地缙绅子弟，家境殷实且受到过良好的家庭教育，他们的结社活动，属于典型的贵族之游。南园诗社的活动范围也不局限于南园。广州的白云山、南海的西樵山、惠州的罗浮山、江门的崖山，甚至韶关南华山等名山胜境，留下过他们寻幽探胜、栖息泉石的足迹；广州白云寺、光孝寺、景泰寺、海珠寺、玄妙

明代羊城八景之"琪林苏井"

观、五仙观、栖云庵，甚至清远峡山寺等佛寺道观，留下过他们求仙问道、参悟佛理的身影。得闲亭、听雨轩、听雪篷等园林别业，则成为了他们把酒临风、游宴赋诗的诗意空间。孙蕡诗提到的琪林，即玉石之林之意。这里指位于明代的玄妙观前的一片树林。玄妙观在今中山六路北，海珠北路和光孝路之间。此观唐时为开元寺，由寺改观是在1008—1016年间，元末明初重新修建成为一方名观，南园诗人常常在此雅集。

洪武三年（1370）以来，岭南诗人相继入京任职，南园诗社事实上停止了运作，但是南园诗歌活动并没有就此消歇，而是通过寄赠、酬唱的方式延续着南园记忆。洪武六年（1373），入仕不久的孙蕡、王佐相约南归。孙蕡先写信给王佐："安得理归楫，翩然解佩珂。扬舻过关右，鼓枻入江沱。友于事燕集，物候方阳和。酌酒南园上，与君同笑歌。"（《寄王给事佐》）与王佐相约辞官南归，重结南园诗社。

早有归隐之意的王佐马上着手辞官事宜，并回信孙蕡"惟应剩酿陶尊酒，迟尔归来共岁寒"（《酬孙典籍仲衍见寄》）。约定归乡的时间，大约就在冬季。王佐辞官成功后，孙蕡送别，作《送王给事南还》表达了无限的羡慕："昔若云中凤，今若南飞鸿。

出处各有道，显晦讵能同。"

不久，孙蕡也得以南归。黄哲作《喜孙仲衍归自京师》：

> 逐客南来觅旧矶，玉堂天上故人稀。春风粤鸟归巢乐，秋水江鱼入馔肥。结屋旋开松菊径，泛舟重着芰荷衣。罗浮道士还丹熟，相许携琴入翠微。

诗里流露的是久别重逢的欣喜。但是，在《王彦举听雨轩》诗中，曾经经历的沧桑却涌上黄哲的心头：

> 一别凄凉十二年，关河风雨隔幽轩。……君入蓬莱献三赋，我践泥涂走中路。归来相见总白头，坐上逢人半新故。

孙蕡《南园歌赠王给事彦举》也在回忆了早年南园诗社的浪漫情景后，约定南园再聚：

> 当时意气凌寰宇，湖海诗声万人许。酒徒散落黄金空，独卧茅檐夜深雨。分飞几载远离群，归来城市还相亲。闲来重访旧游处，苍烟万顷波粼粼。波粼粼，日将夕。西风一叶凌虚舟，犹可题诗寄青壁。

此时的南园诗社虽然没有了当年的盛况，但是南园五先生之间的酬唱，仍然围绕着南园诗社活动和对诗社故人的回忆进行。如李德远在外地，孙蕡写了《罗浮歌寄洛阳长史李仲修》和《南园怀李仲修》等诗寄赠，表达了对李德的思念之情。可惜的是，孙蕡、王佐、黄哲三人南园再相聚的时间也非常短暂。不久，孙蕡再次被召回朝廷任职；黄哲也应诏赴山东任职，

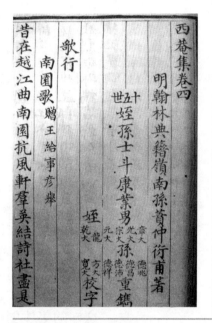

清乾隆本《西庵集》书影

却因赴任途中耽搁太久而被杀；王佐不久也病卒了。南园诗社在政治与岁月的绞杀中彻底瓦解了。

南园诗社存在的时间不算长，但繁荣了元末明初时的岭南诗坛。首先，南园诗社吸纳了一定数量的诗人，形成了文人集群，壮大了岭南文学的声势。其次，南园诗人的作诗方式丰富多彩、活泼有趣，刺激了当时的诗歌创作。

有时，他们把写诗变成集体的娱乐：每

人各作一句或数句，相联成篇，如孙蕡、王佐二人共同创作的《琪林夜宿联句一百韵》。有时，他们若干人相聚，分题赋诗，大抵以景物为题，共赋一事，如黄哲《分题赋罗浮山赠何景先百户》。有时，他们分韵作诗，锻炼写诗的技巧：作诗时先规定若干字为韵，各人分拈韵字，依韵作诗，如李德《同诗社诸公游白云寺，分韵得"千"字》。有时，他们就同一题目八仙过海，各显神通：即众多人同时创作同一题目，以比较文学才华的高下，如孙蕡、李德都有《峡山寺》诗，应该是当日同题共作的作品。

上述作诗形式，多少带有文学竞赛的意味。这样的集体创作虽然也许因束缚过多而影响作品质量，但对提高写作兴趣、激发创作欲望、锻炼写作技巧是有帮助的。

南园迹尚存

"有五先生不可无南园。"昔日南园当若何？南园故址今何在？南园以什么样的魅力，吸引了明清两代岭南文人乐此不疲雅聚于此？

南园的具体位置在哪里呢？孙蕡《南园歌赠王给事彦举》云"昔在越江曲，南园抗风轩"，交代得比较模糊。《番禺县志》卷二十三载："南园在府城南二里，中有抗风轩。明初孙蕡、黄哲、王佐、李德、赵介辈结诗社于此。"《番禺县续志》载："南园在今文明门外，背枕河流，胜地也。"文明门是明代广州南城墙的一个城门，在今文明路与文德路交会处。南园所枕河流，叫玉带濠，是广州旧城的护城河。这条河现已

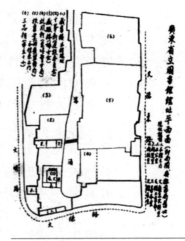

民国时期南园旧址

废，但是今文德路以东还有名为"玉带濠"的幽长小巷，这大概就是南园的北界。在广州文德路以东有一条街叫聚仁坊，这是南园的南界。南园西界起文德路，而东界则到了聚贤北街。

　　明代广州城南，倚城带水，是广州的形胜之处。这里长堤掩映，绿树成荫，景色宜人。南园东侧，孙蕡等人修建的抗风轩，掩映在高大茂盛的树丛中。"高轩敞茂树，飞甍落远洲"，登上气势巍峨的抗风轩，城南美景尽收眼底。南园中央，有一方水池，中有一座怪石嶙峋的假山。池内植有各色莲

花，而池畔则是夹岸垂柳，"芙蕖被曲渚，灌木秀高林"，描绘的就是这般情景。亭台怪石，半塘水月，旧壁题诗，水木明瑟，一派典型的岭南园林风格。如此景致，确实是一个文人雅集的好地方。

南园最美的季节要算春天了。早春二月，草长花开，群莺乱舞，园外杨柳依依，鸟鸣关关，园内更是百花齐放、争妍斗艳，可真是"青青几树河边柳，不待飞花已送春"。南园诗人们喜欢在这里对酒当歌，挥毫泼墨，感物思人。孙蕡《南园怀李仲修》回忆当日南园美景云：

> 繁卉耀阳德，嘉木秀春暄。时旸煦土膏，流渐涨通川。荃兰扬朱英，山樊炫文轩。垂杨列曲渚，鸣鸟何关关。展席芳醑陈，开筋群物妍。

雨过天晴的南园，明媚的阳光照耀似锦繁花，茂盛的树木透出勃勃生机。香草兰花绽开了花朵，茂林掩映着彩画雕饰的栏杆和门窗。池塘中涨满了溪水，夹岸的杨柳深处传来关关鸟鸣。诗人一边痛饮醉人的美酒，一边领略这怡人的风景，真是人间快事。

夏日的南园，是避暑的好去处。孙蕡

《南园夏日饮酬王赵二公子澄、佐》：

> 南园当盛夏，灏气涤烦襟。澍雨朝
> 浥道，流云豁轻阴。芙蕖被曲渚，灌木
> 秀高林。展席罗长筵，美酒对坐斟。交
> 交黄鸟弄，聒聒玄蜩吟。岁时递迁斡，
> 贤圣皆销沉。于时不痛饮，负此芳赏心。

盛夏的南国，天气异常的燥热，好在一场大雨带来了丝丝凉意，也荡涤了诗人内心的烦闷。雨后的南园，云淡而风清。于是，诗人们相约来到南园寻幽访胜。带雨的荷花在池塘中摇曳，低矮的灌木和远处高林相映成趣。诗人们有的临水垂钓，有的迎风射猎，最后则干脆围坐一起举杯痛饮，一边谈古论今，一边对话自然，壮志难酬的隐痛，在良辰美景与赏心乐事中逐渐消失。

南园的夜景，最为迷人。孙蕡《南园》诗：

> 诗社良燕集，南园清夜游。条风振
> 络组，华月照鸣驺。高轩敞茂树，飞甍
> 落远洲。移筵对白水，列烛散林鸠。雅
> 兴殊未央，旨酒咏思柔。玉华星光灿，
> 锦彩云气浮。丽景不可虚，众宾起相

酬。长吟间剧饮，楚舞杂齐讴。陵阳杳仙驾，韩众非我俦。聊为徇时序，娱乐忘百忧。

夜色中的南园，清爽宜人。茂密的深林，掩映不住高大巍峨的楼阁，诗人们登上高楼，俯瞰远处的沙洲。只见皓月当空，群星璀璨，而眼前飘过的白云在园中华灯的映衬下，仿佛一块块移动的锦彩。雅兴大发的诗人们点起了蜡烛，摆起了酒宴，相酬对饮，临水赋诗，完全忘记了尘世俗务。如此境界，胜似神仙。

明初以降，南园历经变迁。明成化时期，南园曾一度废为总镇行馆。明嘉靖二十二年（1543），御史吴麟将已改建为总镇行馆的南园建成了三大忠祠，供祀南宋末年抗元将领文天祥、陆秀夫和张世杰，其左有臣范堂，其右有抗风轩，供奉的是南园前五先生。崇祯十一年（1638），按粤使者葛征奇修葺三大忠祠，认为"有五先生不可无南园，有南园不可无五先生"，于是重订五先生诗集，梓行于世。

入清以后，南园一度荒圮，但很快又得到修复。康熙六年（1667），番禺知县彭襄修复罗浮精舍，十年（1671）三大忠祠得到重建;康熙二十二年（1683），番禺令李文浩在三大忠祠东曾修复抗风轩，列五先生而祀之，乾隆年间又以后五先生配祀，并在抗风轩前题匾额曰"南园前后五先生祠"。（这里所说的"南园后五先生"是指明中叶在南园结社的欧大任、梁有誉等五位诗人。）道光年间，著名书画家伊墨卿以"君臣三大节，词赋十先生"题其门，由著名学者陈澧手书。

光绪九年（1883），张之洞修葺南园，于抗风轩题楹联："诗如大历十才子，园似将军第五桥。"同时，他拆臣范堂，并购买玉带濠北民房建东、南、西、北、前、后校书堂六所，以"十峰轩"为总汇。光绪三十三年（1907）他将"十峰轩"扩建为名动儒林的广雅书局藏书楼。

1912年藏书楼改建为全省最大的图书馆，即今天广东省立中山图书馆南楼。此间，抗风轩则被两广学务处、广东学务公所先后借以办公。宣统元年（1909），广东学务公所迁出，曾任两广学务处视学及广州府中学堂与两广方言学堂监督、广东教育总会会长的丘逢甲作《南园感事诗》五首，其二云："五百年间几劫灰，南园非复旧池台。溶溶玉带河边水，曾见张乔照影来。"其四

广东省立中山图书馆

云："女墙残月度钟声，捉鼻微吟笑洛生。不信风流今歇绝，夜乌啼雨过春城。"许南英回赠《南园感事和丘仓海工部原题》云："不听孙蕡作粤声，抗风轩外草丛生。李黄王赵风流尽，一水环流绕越城。"

此间，在丘逢甲的协助下，抗风轩一度成为革命领袖孙中山与同仁议论时政、从事革命的场所，今厦门图书馆还藏有《孙中山在抗风轩》的照片。嗣后，人们在三忠祠和抗风轩旧址办起了广东省立勤勤大学附属小学，此后南园旧址一直是学校。直到新中国成立之后，广州城市面貌发生了巨大改变，南园一带逐渐变为普通市井小区。

南园所在的文德路一带，自清朝起一直是广州经营古玩、字画、陶瓷、裱褙的文化市场，裱画和售卖文房四宝、书籍、古董字画的店铺鳞次栉比，文人雅士都喜欢来这里购买文具，搜罗各种古籍善本。如今这一带仍保留了玉带濠、三忠祠、聚仁坊、聚贤阁等地名，提醒人们留意这里往日的人文盛景。正如清人屈向邦《粤东诗话》所说：

广雅中学南园遗迹

"吾粤风雅之地，首推南园。"南园虽已经不存在，但南园诗社所开创的结社传统至今香火不绝，今天岭南地区旧体诗词创作活动仍然如火如荼。

二、典籍才华最出群

经世才迁不自由

孙蕡（1334—1389），字仲衍，号西庵，南海平步（今顺德乐从）人。孙氏祖籍浙江钱塘县高塘乡，始迁祖为南宋时谏议大夫孙天球。孙天球因疏讦权奸，被贬为广州路推官，谪居南雄郡。天球生二子，长子希文，次子希武。希文，号质庵，因入赘顺德县熹涌乡（今顺德伦教熹涌）关氏，于是在顺德定居。希文公之子为玉莹公，迁居平步（今顺德乐从）。到了第四代，就是孙蕡了。

孙蕡像

　　孙蕡生性敏慧，于书无所不读，为诗文伸纸挥毫，顷刻立就，好像不经意而作，但是作品气象雄浑、兴喻深致，有魏晋之风。少年时，他就讲究气节，不随随便便交朋友，乡人尊之为"孙先生"。元至正十一年（1351），饱读诗书的孙蕡来到广州，遍交当地名流，与友人王佐、黄哲、李德、黄楚金以及流寓广州的外地文人，共结南园诗社。

　　当时，孙蕡凭借豪放的性格和高超的诗才，成为诗社的召集人和组织者，其《南园歌赠王给事彦举》回忆了诗社的活动情况，点明结社地点在南园抗风轩，结社时间是当年二月：

　　　　昔在越江曲，南园抗风轩。群英结诗社，尽是琪琳仙。南园二月千花明，当门绿柳啼春莺。群英组络照江水，与余共结沧洲盟。

　　黄哲《王彦举听雨轩》则指出孙蕡诗才冠绝群伦，与王佐齐名："当时雄笔谁更好？孙公狂歌君绝倒。横眠三日醉复醒，梦见池塘生春草。"豪吟剧饮，更唱迭和。这种友好而惬意的生活方式和文学竞赛，培养了孙蕡的浪漫作风，也提高了他的写作能力和社会声誉。

广州文庙（番禺学宫）

元至正二十三年（1363），惠阳路同知、广东都元帅何真自惠州出兵平定广州叛乱，收复广州，开署求士，孙蕡、王佐、赵介、李德、黄哲五人并受礼遇。何真对孙蕡十分倚重，让他掌管书记，经常向他咨询军旅事务。当时有个地方军阀李质占据肇庆，孙蕡与王佐受命前往劝说成功他与何真通好，还劝何真招纳李质手下名士以扩充实力，何真从此得到了善于招纳人才的美名，成为当时实力最强的地方武装。

洪武元年（1368）四月，征南将军廖永忠至岭南，孙蕡敏锐意识到改朝换代的时机已经来临，劝何真归顺朱元璋，并为他代拟《上廖平章书》云："顾我广东撮土，尚复

广州五仙古观

谁争？况山河社稷，不过终归明主。"这份降表，既委婉强调了何真平定广东的贡献，又表达了明确的归顺之意，曲诚委婉，言辞恳切。当时人们认为，廖永忠在广州不杀一人而南海安定，全赖孙蕡这份文辞恳切的降表。

孙蕡因此得到廖永忠赏识，被委任为广州郡教。而孙蕡也不负所望，亲自编订教材，广招人才。岭南著名诗人之一江门黎贞，就是他这个时期培养的得意门生。

另外，见证广州城历史沧桑的著名建筑五仙观，当时因驻军引发火灾而被烧毁，孙蕡力劝廖永忠重修，并亲自撰写了《重修五仙观记》，为广州城留下了又一处重要的历史人文景观。

洪武三年（1370），孙蕡因才能与品行出众而被地方推荐入京参加科举考试，孙蕡虽然没有成为恩科南场的进士，但凭《诗经》中高选，赐进士出身，授工部织染局使，不久又升迁为虹县（今安徽泗县）主簿。当时，虹县在元末农民起义战争中遭到了严重破坏，民生凋敝，人烟稀少，孙蕡到任后招集流民，减免赋税、鼓励农桑、发展教育，使虹县的生产得到恢复，人口也逐渐增长。

一年后，孙蕡被召回，任翰林典籍，与宋濂等朝中大儒一起参与当时的重大文化工程《洪武正韵》的编写。这一年，孙蕡还撰成《孝经集善》一书，宋濂为之作序，盛赞其学术成就。在京城的学术文化活动，使孙蕡得以与当朝文臣尤其是一代文宗宋濂密切交往，诗艺提高很快，诗名日盛，人们都对这个岭南才子刮目相看。其《送翰林宋先生致仕归金华》自

宋濂像

称："门生日日侍谈经，独向孙蕡眼尚青。"意思是说，他每天都以门生的身份和宋濂谈论经书，得到了宋濂的青睐。

洪武九年（1376），孙蕡以奉常的身份奉命到四川监督祭祀。他从南京出发，沿长江溯流而上，经安徽、江西、湖南、湖北，入四川，一路上得以饱览长江沿岸的秀丽风光和风土人情，其往返行程虽只有两三个月，但留下了许多脍炙人口的山水诗。

回京后，孙蕡主动要求外任，被任命为山东平原县主簿。但不久因小过而遭逮捕，被罚到京师筑城墙。当时孙蕡写有《输役萧墙》记载此事，诗云：

系组赴乌台，解珮辞禁垣。弛刑许输役，获谴尚承恩。踢踬感明宥，引咎复何言。平明操板筑，日没就徽缠。寒气袭敝裘，重负颓我肩。抚己谅无愧，服勤思盖愆。息杵入屏城，仰瞻东华门。祥风拂左蠡，卿云护彤轩。翚凤丽羽翰，飞棱高中天。重关起象魏，光彩一何鲜。百辟罗周行，鸣珂翕锵然。皋夔俨穆肃，董贾来翩翩。白日光昭融，下照宁有偏。微命嗟薄劣，独兹阻周旋。

这首诗写得极为聪明：先是自责，继而

感恩，接着诉苦，然后思君，最后叹命薄，显然是想以一种"哀兵"计策打动皇帝。诗的传播方式也很独特：诗写成后，孙蕡故意用粤语大声吟诵，当时监工的官员听不懂粤语，赶紧禀报皇帝。洪武帝召见了孙蕡，并让他用官话朗诵，发现孙蕡所写全部都是自责和效忠的话语，马上释放了他，让他回乡。

罢归乡里的孙蕡心情是矛盾的。一方面，他有点庆幸自己回到了故乡，脱离了宦海的风波，因而放迹云林，肆力学问，常常模拟陶渊明《归去来辞》以写归隐之情；另一方面，他又觉得自己壮志未酬，因而免不了牢骚满腹，其《祭灶文》，就是这种情绪的产物。《祭灶文》称："思展抱负，试于清时。朝登金门，暮集凤池。致君尧舜，还俗雍熙。"这段话回顾平生，有壮志难酬之慨，也可见用世之心未灭也。

洪武十五年（1382），孙蕡被召拜为苏州府经历。苏州向来难以治理，但孙蕡治理有方，政用大和。苏州人十分感激孙蕡的贡献，将他的名字载入了当地的史志。

洪武二十二年（1389），孙蕡又因为小过被免职，发配辽东。辽东都指挥使梅义向来仰慕孙蕡的才学，因而请他担任自己的家塾教师。洪武二十三年（1390），梅义因受胡惟庸案牵连被抄灭全家，而孙蕡也"以党祸见杀"。（《明史》本传载孙蕡因替蓝玉题过一幅画而被杀，似不准确）当时许多人劝孙蕡上表说明自己的冤情，但是历尽坎坷的孙蕡见惯了朱元璋的残酷无情、滥杀无辜，也看透了他的喜怒无常、刻薄寡恩，不肯上疏自明。

临刑前，他从容吟诵五代诗人江为的诗："衙鼓侵人急，西倾日欲斜。黄泉无旅店，今夜宿谁家？"这首诗表达了诗人无法把握自身命运的深切悲哀，很切合孙蕡当时的心境，以致当时的人们误将它当作是孙蕡创作的绝命辞。据说明太祖曾问监斩官孙蕡临终说了些什么，监斩官据实以告，没想到朱元璋说："有此好诗，何不速报？"竟然把监斩官也杀了。

孙蕡被杀时年仅56岁，其门生黎贞当时流放辽东，为孙蕡收尸入殓，葬之辽宁鞍山，后奉其衣冠南还，并写诗《哭西庵孙先生前翰林典籍吏科孙给事》追悼：

> 岭南佳气属英髦，霁月光风品格高。籍籍才名台阁器，斑斑文采凤凰毛。青年登第心何壮，白首从戎气尚豪。垂老天涯零落尽，空余遗恨满江皋。

称赞孙蕡才性与品格，为其被杀感到深深的

惋惜，也委婉表达了对滥杀者的谴责。

孙蕡之死，天下人为之惋惜。一种意见认为，孙蕡仕途并不顺利，"当时亦何苦应举入仕，以致非命耶？"另一种意见认为："死生荣辱当得不得，不得则得之，自古及今岂少也。蕡死何惜哉？"

顺德乐从先贤祠里的孙蕡牌位

这两种意见各有其片面的深刻。就人生结局而言，孙蕡在洪武初年出仕可以理解，但他在朱元璋已经对文武大臣大开杀戒的情况下，又于洪武十五年（1382）再度出仕苏州确实是不明智的。就人生经历而言，一个终身隐居但长寿的孙蕡，其生命历程未免枯槁，相反坎坷的仕宦经历使孙蕡经历了死生荣辱，体验到了人生百态，其灿烂诗篇和生命价值也在社会的激荡中散发光彩。

出仕还是归隐，是孙蕡的思想矛盾，也是他悲剧命运的根源。清乾隆时顺德人胡亦常《孙典籍》道出了这一点："乱定知真主，书成解阻兵。功疑拜陆贾，狂乃死祢

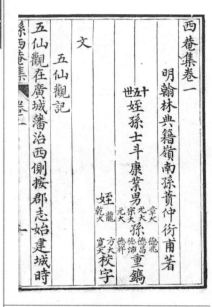

清乾隆本《西庵集》书影

衡。文字宁奇祸？君王尚圣明。如何鼍鼓后，使得见平生。"

孙蕡著有《通鉴前编纲目》《孝经集善》《理学训蒙》及《和陶集》，然多散佚，但是我们从书目就可以推测他具有较高的经学、史学与哲学修养，在文学上则认真研究过"古今隐逸诗人之宗"陶渊明。赵介之子赵纯曾称孙蕡"究极天人性命之理，为一时儒宗"，应该是实事求是的评价。孙蕡的诗文作品，最早由其门人收集整理为《西庵集》，后世有多个版本流传，足以证明他在岭南文学史上的影响力。

宦情羁思题材富

孙蕡诗歌的题材多样而丰富。他曾经把唐诗题材分为十类：台阁、山林、江湖、边塞、闺情、神仙、僧释、怀古、体物等。事实上，他自己的作品也大致不出上述范围。

明人张习在为孙蕡诗集作序时，认为他的诗歌"严之于庙朝，逸之于山林，固无所弗体。尊之为道德，显之为政教，明之为事功，幽之为仙鬼，亦无所弗著与。凡怀思、游行、羁泊、贬谪，□不失于性情之和，若水在溪涧流衍而靡息，在江湖浩荡而莫测"。这段话道出了孙蕡诗歌题材丰富、风格多样的特点。

大致说来，孙蕡一生创作之题材和风格，经历了三个阶段的变化：早期偏处岭南，生活较为简单，诗歌主要为抒写隐逸的山林之文；出仕之初因一度担任侍从文人，写过一部分奉酬应制的台阁之文；仕宦中后期南北奔走，游历江湖，因而多闺情、游行、羁泊、贬谪题材的江湖之文。

1. 公子专幽寻

孙蕡早期创作，主要反映了他出仕前在岭南的隐居漫游生活和对于佛、道二教的体悟。如《荔湾渔隐》：

> 家住半塘曲，沿回几折湾。门前荔支熟，屋后钓舟闲。杳邈熊黑兆，空蒙虎豹关。如何三里外，便是五湖间。

荔湾在广州城之南郊，位于珠江之畔，以盛产荔枝而得名。此诗前半部分写景，以

明代羊城八景之"荔湾渔唱"

白描之笔，简单勾勒隐士之家居环境；后半部分用熊黑、虎豹喻指元末社会之恶势力，以比兴手法写出远祸心理，而"五湖"句则借春秋末年越国大夫范蠡乘轻舟以隐于五湖的典故，表达隐居之志。

孙蕡前期生活以游山玩水为主，所以颇多纪游写景之作。如《夏日过蒲涧寺后二岩观菖蒲》：

> 炎威郁难摅，况值日方永。挥麈偕同袍，远诣山中静。消暑得清泉，流来自岩顶。循涧见石蒲，弥布水光映。蝟毛刺针铓，虎须簇锥颖。婆娑浓靛敷，翠色香挺挺。传是古尧韭，一览心已领。采饵可明目，烁烁电光耿。尤堪引寿龄，久视阅遐景。遂蹑安期踪，云路恣驰骋。旋归乘天风，浩笑尘梦醒。

蒲涧寺在广州府城白云山麓，宋淳化元年（990）始建。相传安期生于七月二十五日在此飞升，粤人这一天都会去往涧中沐浴，以期霞举。这首诗叙述了孙蕡在炎热的夏日，和朋友们一起来到白云山蒲涧寺避暑，又到寺后岩石处寻觅菖蒲。最后四句，援引安期生的传说，寄寓了摆脱尘俗和向往自由的个人情趣。

孙蕡的早期作品，多以岭南生活为题材，诗意呈现了岭南山水，充满浓郁的岭南地域风情，表达自己隐居求仙生活情趣和哲理体悟。另一方面，也是其一味寻幽访胜早期生活的反映，内容上比较单一，但艺术上已见工巧。

白云山景泰寺旧照

2. 清平自觉文章盛

孙蕡中期诗歌创作，生动反映了他在奔走仕途的心路变化。

明大一统王朝的建立，激起了蜗居岭南的孙蕡建功立业的热望。洪武三年（1370），他因地方的荐举，北上南京应试。北上之时所作《代友赠别》《代内赠别》《赠留隐士中美》《赠皇甫隐士文远》等作品，反映了其出仕初期对新王朝满怀希望，立志有所作为的心绪。其《赠留隐士中美》反映了他由隐到仕的内心变化：

> 旋飙落庭木，芳岁倏已周。感此流序易，恻恻但怀愁。念我同志友，不得偕宴游。一居玉堂署，一在炎海陬。王道今清平，有才赞鸿猷。谁令抱孤志，坐恋林与丘。

诗中的隐士，大概是孙蕡早年情意相投的朋友。不过，当时孙蕡已经出仕，但朋友尚坚持隐居，因此他写信劝友人在当今王道清平之时弃隐出仕，以实现平生救世济民之志。

孙蕡将对新朝的歌颂和建功立业的渴望，融于诗歌创作之中，表现了一种积极用世的心态。如"幸逢世道平，天路振羽仪"

（《赠内》）、"王度今清夷，世途无荆榛"
（《代友赠别》）、"相期各勉勉，天路方清平"
（《别友》）等诗句，表达了世道太平当及时
有为的心理。

到了南京后，孙蕡为江南的富庶繁华、
文物之盛以及新朝的欣欣向荣的政治景象深
深吸引，禁不住热情礼赞。其《南京行》以
长篇巨幅描写了南京的繁华都市景象和深厚
的历史文化传统。其奉和皇帝、赓续大臣的
应制之作，虽然难免歌功颂德，但其对一统
王朝和明主功臣的热情礼赞，洋溢着前所未
有的朝气与豪气，显示了诗人在理想的激发
下，热情高涨、信心勃勃。其《驾游天界
寺》热情礼赞了明朝初建书同文、车同轨的

南京天界寺

统一气象，和政通人和、万事俱兴的政治局面。《朝回呈诸阁老》描写自己作为文学侍臣的生活，歌颂了明王朝的太平：

> 明良感嘉会，文物应昌期。濯濯联华采，翩翩秀羽仪。宣情寄芳藻，聊用颂清夷。

虽然孙蕡的这类作品像绝大多数应制诗那样免不了歌功颂德，但是明朝初建确实给当时的士子带来了开创太平盛世的希望，因此他们对皇帝的歌颂、对新朝的礼赞，绝大多数是真诚的。这类作品体制绚丽丰腴，音节淳厚而雍容典雅，对明代台阁体诗风产生了一定的影响。

3. 如此江山不赋诗

台阁之诗在孙蕡的诗歌创作中并不占据主流，因为他在京城的时间并不长，其仕途的主要经历是在虹县、四川、平原等地游宦。仕途的漂泊，客观上使他得以饱览祖国壮丽山河，从而开阔了视野，丰富了创作题材，写景纪游诗因而成为孙蕡中期创作中最为引人注目的类别，也充分显示了其诗歌善言风景的特点。

洪武八年（1375）八月，孙蕡以专掌祭

祀的奉常官的名义自南京赴四川成都监祀。他沿长江溯流而上，一路途经池州、九江、武昌、岳阳、赤壁、荆州、巫山、忠州等地，最后抵达成都，停留十日后，又自成都沿原路返回。

去途，他一路诗兴高涨，写下了《望九华山》《次李阳河》《阻风雷港》《望庐山》《次浔阳》《次九江》《寄江洲》《过岳阳》《次武昌》《过赤壁》《过荆州》《次归州》《发忠州》《巫山》等作品；回程，他与新结识的朋友们依依惜别，写下了《出蜀》《怀四川》《怀青城》《下瞿塘》等作品；而在成都期间，他留下了《赠关景熙元帅》《云南乐》《赠成都画者徐文珍》等诗作，记录了他与成都各界人士进行文艺交流的美好时光。

诗人依照游踪，一一描摹所见所闻，将这些作品连读，就如同打开了美丽的山水画卷，长江两岸的奇异山水，纷至沓来；又如同欣赏万里江山图，长江沿岸的风土人情，尽收眼底。这段旅途虽然辛苦，但无疑是孙蕡人生中最为惬意、诗歌创作最为丰富的美好时光。

孙蕡诗善言风景，首先表现在善于抓住景物的特点做细致刻画。如《过瞿塘》突出了瞿塘峡之奇险："鬼门关黑路险幽，我行短发寒飕飕。洪涛摇山角井裂，怪石触雪鼋

瞿塘峡

鼋愁。冥搜欲极造化窟，飒爽始可清毛骨。"此诗将自己的现场体验和对瞿塘峡的描绘融于一体，既调动听觉、视觉、触觉等多种感官以实笔细致刻画瞿塘景物，又借助想象运用神话传说以虚笔渲染瞿塘神秘气氛。《下瞿塘》诗则突出顺流而下，紧扣一"快"字做文章："争牵百丈上崖谷，舟子快捷如猿猱。"同是一段瞿塘峡，孙蕡在去程是逆水行舟，所以突出了水之"险"；归程是顺水而行，所以突出了"快"。孙蕡之善言风景，由此可见一斑。

孙蕡的善言风景，还表现在善于抓住景物的地域特点。洪武十年（1377）二月，孙蕡由翰林典籍外放为平原令。他由南京北上山东，经长江、淮河、黄河三大水系，留下了许多写景纪游诗。由于孙蕡这次走过的是汉唐故地、衣冠之乡，因此与赴四川的诗作重点在自然景物上不同，重点放在了历史人文景观上。如《圯上》《汉祖庙》《项羽庙》《歌风台》《戏马台》《范增墓》《过黄石公祠》《周公》《荆轲》《苻坚》《魏台》等作，多写汉朝旧事，为吊古之作，有沧桑之感。如《项羽庙》：

> 武安城郭水光中，云是前王画绣宫。秦汉寂寥悲霸业，烟霞叱咤想重瞳。金舆已殁三秋草，铁马犹嘶午夜风。惆怅夕阳芳草路，一天愁思满江东。

此诗将项羽庙的遗迹与他的霸业交织写出，在物是人非中兴历史兴亡之感。孙蕡的写景纪游诗善于抓住各地域有代表性的自然和人文景观进行刻画，因而给人们留下深刻印象。

曹洁躬评价他的写景诗云："仲衍善言风景。于广州则云'丹荔

项羽庙

枇杷火齐山，素馨茉莉天香国。'于罗浮则云'紫极房栊倚日开，蕊珠楼阁中天起。'于云南则云'蛮官见客花布袄，村妇背盐青竹篮。'于武昌则云'武昌城头黄鹤楼，飞檐远映鹦鹉洲。汉阳树白烟景湿，行人如鸥沙际立。'使未至其地者诵之，亦当神往。"孙蕡写景常常刻意突出地域景观的特点，因而令人神往。

孙蕡的善言风景，也体现在他的题画诗中。他所题之画多为山水风景和人物花鸟。诗画本有相同之处，明人王行《寄胜题引》说："诗本有声之画，发缫缋于清音；画乃无声之诗，粲文华于妙楮；一举两得，在乎此焉。言夫画也，极山水草木禽鱼动植之姿；言夫诗也，尽月露风云人物性情之理。"孙蕡的题画诗充分显示了诗画相生的特点。其题画诗有三大特点：一是突出画中风景的特点；二是注重对画中诗意的捕捉；三是将画与人、景与人联系起来。因而其题画诗又带有纪游诗的特点。如《题钱叔昂潇湘图》：

> 远山如游龙，近石如踞虎。秋阴迢迢树楚楚，乃是洞庭潇湘之极浦。西来白波浮太虚，鬼物似与空蒙俱。潭深蜃气结楼阁，鲛人踏浪随游鱼。织绡更泣明月珠，缀成悬珰素裙襦。九疑并迎翠

潇湘图

华辇，绛节影低群真趍。须臾长风起木末，高林侧亚叶乱脱。浮云散尽天宇谿，云水遥连带青阔。苍松翠竹黯未分，残霞断霭余斜抹。钱郎毛骨清，画此兼众妙。

诗分两层："须臾"句以上先写乌云密布的情景，笔调铺陈，想象丰富；"须臾"句以下写风吹云散，浮云散尽后的风景，笔调转趋疏朗。最后两句点明钱郎"画此兼众妙"。此诗不仅细致描摹了画中之情景，而且写出了景物的变化，可以说是准确把握了此画之诗意。《题绵州同知曾傪古雪卷并序》依次写古雪山以及曾侯和作者神游雪山的感受，将画与人、景与人紧密联系，实际上是融题画诗与纪游诗于一体。卒章部分"桃花犬吠空斋里，黄竹柴门君自开。"一改其诗往往以议论结尾的方法，以景收束，颇具象外之致。

孙蕡还善于将自己的人生意趣融入观画体验中。如《杂画》其九云：

> 沾恩几载入承明，云冷渔矶白鹤盟。
> 忽见新图被山恼，欲辞簪组乞归耕。

其十云：

> 白鹭洲前野艇归，钓鱼矶上绿杨垂。
> 人间野况都如画，奈此穷生薄禄为。

这两首诗都写诗人面对图上之美景，表达了诗人想要归隐但又困于仕途的两难处境。构思最为巧妙的当属《桃源图》。诗由一次梦境写起，诗意全仿《桃花源记》，最后点出自己猛醒后方知所面对的只是一幅《桃源图》，巧妙地传达了隐逸之思和这种愿望暂时难以实现的遗憾，准确表达了画中之意。

4. 怅望乡园去计违

游宦生涯还使孙蕡有机会接触到广阔的

社会生活。出任地方官员期间，孙蕡写出了一批反映民间疾苦的作品。如《平原行》：

> 古原县郭如荒村，家家草屋荆条门。自罹丧乱新复业，千家今有一家存。稚子采薪割蒿草，妇女携筐拾梨枣。丁男应役不在家，长驾牛车走东道。黄河水涸无鱼虾，居人七月方食瓜。人烟星散不成集，棠梨苦叶烹为茶。凌州九月官税促，黍子在田犹未熟。春霜夏旱蚕事空，不卖新丝卖黄犊。银河七夕如水流，明年麦好君莫愁。

此诗真实地描绘了久经丧乱的平原县的社会生活：人口锐减，城郭荒芜，加之自然灾害连年，造成生产凋敝，尽管全家辛苦劳动，但依然食不果腹，难以度日，而官税照催不误，农家只得卖黄牛来交税。诗歌尖锐地批评了当时赋税繁重的弊政，流露出对于民生疾苦的深切同情。又如《平原田家行》描写百姓"春丝夏绢输税钱，木绵纺布寒暑穿"，安慰他们"衣粗食恶莫用悲，犹胜北军离乱时"，体现了悲天悯人的人道主义情怀。无论是在虹县，还是在苏州，孙蕡都是为官一任、造福一方，这与他对民生疾苦的深刻体察是息息相关的。

洪武十一年（1378）秋，孙蕡罢归乡里，回到南海平步乡。其间创作了《出京》《闷兴》《还山作》《拜祖墓》《幽居杂咏七十四首》等诗作。孙蕡归隐时的心情是颇为矛盾的：一方面他有暂时摆脱了险恶仕途的轻松，另一方面则又心在朝廷，恋恋不忘前程。他曾和陶渊明《归去来辞》作《和归去来辞归自平原回作》，以表达归隐之情，诗云：

> 爰憩我马，自兹惊奔，复扫花径，重开荜门。朋旧载过，宗族具存。既列琴瑟，亦罗匏樽。俯清泉以濯足，荫嘉树而怡颜。喜尘缘之静尽，觉灵府之闲安。把凉风以抗牖，延素月而开关。极林野之清娱，纵卉木之奇观。岁将阑而独往，日既夕而忘还。感风霜之交集，立桧柏之桓桓。归去来兮。罢吴楚之宦游，抚四方者倦矣。获素愿兮奚求？穷岁时以静赏，摅夙昔之烦忧。侣渔樵于山泽，服稼穑于田畴。心淡止水，身如虚舟。慰佳辰以雅集，散遐瞩于高丘。慨吾年之日迈，阅逸景之星流。守穷闾以待尽，依先陇之余休。

这首拟作叙述了他回到故乡后的田园和读书

生活，表达了达生委运的思想。

但是，孙蕡显然并没有真正做到忘情物外、甘心隐居，他还牵挂着朝廷，救世济民的功名之心并没有完全熄灭。其《幽居杂咏七十四首》集中流露了这种内心矛盾。他宣称"隐去无心恋岁华，惟同野老问桑麻。门前莫种青青柳，怕有人呼县令家"，似乎是完全地弃绝官场了，但他同时又留恋京华生活，"勋名本不到旂常，徒得烟霞冷趣长。林下一瓢桑落酒，谁云得及市朝香"。他羡慕着立功封侯，期盼有一天能有一纸搜求隐逸的诏书让他重返朝廷。

洪武十五年（1382），孙蕡被再度起用，出任苏州经历。这一次出仕，他虽然也做出了不俗的政绩，但其用世之心却明显消退了。这主要表现在反映民生疾苦的作品的急剧减少。孙蕡在苏州有《西塘图为姑苏吴隐君题》《姑苏台》《灵岩寺》等一批反映苏州风土人情的诗作。如《姑苏开元寺》云："梵宫春尽落花时，倦鸟犹啼竹树枝。想见风流唐太守，绿阴满院坐题诗。"将自然景观和人文传统融于一体，诗歌颇有风流雅致。

同时，孙蕡也有一批思念岭南故土的诗歌，如《怀碧虚观寄止庵萧炼师五首》《怀罗浮》《寄罗友章先生》《再寄罗友章先生》等，这类诗歌常以苏州风物与岭南风物对比，来表达思归之情。如《怀罗浮》其二云：

> 误解兰缨下翠峰，十年飘泊厌西东。秋风楚塞尘随马，夜雨吴江浪打篷。旅邸寂寥芳岁换，仙游烂漫几时同。罗浮此日南薰转，无数漫山荔子红。

前四句写在吴地的漂泊生活，后四句想象在风和日丽的罗浮山看漫山荔枝红遍的闲适，表达了归隐之思。孙蕡在苏州再度出仕的行为与他留下的表达思念故土、欲归隐返乡之情的作品，构成了一种明显的矛盾，即

孙蕡故里

仕与隐的矛盾：一方面，他始终心怀归隐，另一方面他又汲汲于宦途。他的内心的这种宦情与羁思的悲剧性冲突，最终变为了现实的悲剧。洪武二十二年（1389），孙蕡因事谪戍辽东，第二年以党祸见逮，被论以极刑。

5. 应有音书慰别愁

孙蕡游宦各地，加之性喜交接，因而朋友颇多，集中有大量的赠答、酬唱之作。其酬唱对象大致分两类。一类是家乡故人，一类是宦途朋友。在与前者的酬唱中，孙蕡真诚抒发了自己对友人与故园的思念；在与后者的酬唱中，则寄托着壮志难酬的仕途体验。

孙蕡的赠答酬唱诗，往往又和送别诗联系在一起。如《赠高彬》：

高彬魁梧身七尺，秀眉丰颊仍广额。几年共食越江鱼，此中同作钟陵客。钟陵上国要路津，出门大道连青云。交游脱略旧时辈，拜揖尽是英豪人。少年一字都不识，近日能诗兼读《易》。看君意志肯如此，世人见者谁不惜。平生于我最知己，旅邸浮沉托生死。得钱慷慨即相赠，归家不问妻与子。玉壶美酒桃花

春，酣歌每到清夜分。冲人侠气俨郭解，
不信穷愁如有神。人生穷达何足道，微
名于世须亦早。但怜零落故山云，未得
相从逐幽讨。

高彬原是何真幕下武将，何真降明后，
高彬弃武从商，游走于江南，并开始习文。
高彬与孙蕡感情甚笃，有很多诗篇酬唱。此
诗描绘了高彬的容貌、性格，回顾了他的经
历以及与自己的交往，刻画了一个性格豪
爽、侠气逼人但又零落失志的英雄形象，流
露出惺惺相惜之情和壮志难酬之慨。

与同僚的酬唱，孙蕡则往往流露对仕途
艰辛的感慨。如《送沈主事起复除西安知
县》：

年少天官旧考功，马蹄催入未央宫。
声名已在云霄上，乡国犹悬涕泪中。辇
路繁花明旭日，佳城乔木语天风。传家
正欲存忠孝，千古君臣此道同。

此诗回顾了友人沈主事少年得志但又仕
途坎坷的经历，以忠孝之道勉励友人。又如
《奉酬刘友贤、黎仲辉二御史见过》："故人
骢马晓相过，错莫邻人避玉珂。朝下楚城高
盖合，春深门巷落花多。飞腾每羡青云早，

衰懒无如白发何。相见惟期树勋业，蒋陵佳气正嵯峨。"此诗祝贺友人高升，感慨自己功业无成，最后则以在太平盛世应有所作为与友人共勉，显示了诗人乐观的个性。

6. 故园清兴自不浅

明代以前，岭南长期处在政治、经济、文化的边缘，孙蕡等人也自有一种明显的边缘文化心态。如其《赞翰林宋先生诸老》云："依依野田雀，本在桑榆间。深林荫栖息，卑枝覆羽翰。"以栖息在野外和低矮丛林中的野雀自比，不敢以雄鹰自许。初到历史人文气息浓厚的江南，他似乎有一种文化自卑感，对政治的热情也不是很高。如《治县事作》"信美非久居，欲留嗟无因。逝言谢簪绂，垂纶越水滨。"表达了回乡隐居的意趣。

故园之思，成为孙蕡游宦时期诗歌创作的主要内容。如《虹县九日登五女冢》其一云："又见殊方风物新，宦情羁思两纷纷。"又云："遥知弟妹家山里，几向天涯倚断鸿。""宁教醉里逢佳节，且免醒来望故乡。"故乡的风物、亲人、节候，无一不牵动诗人的心。如《清河口》云：

清河黄河相间流，四月五月如九秋。

墨云压地箕斗黑，浊浪吐雪龙鱼愁。江河万里杳何极，行役半生犹未休。故园清兴自不浅，此日松竹风飕飕。

北国、岭南不仅路途遥远，而且气候迥异。时空差异带来的强烈刺激，牵动了诗人的故园之念。

孙蕡对岭南的怀念，除了"人情重土"的人之常情外，另有特殊的意义。在以前的迁谪者的眼光中，岭南乃瘴疠之地、人文荒漠，是可怕而又令人郁闷的地方。但是对孙蕡来说，却是一个让人怀念的温暖的家，是一个充满人文意味的地方，甚至是理想的诗意栖居之地，岭南的秀丽风光，南园诗社的诗酒雅集，时常萦绕在他的心中。他的诗意描述，使岭南山水自此有了亲切温暖的意味。

追步汉唐丽且雄

关于孙蕡诗歌的艺术风格，古人有许多精彩的评价。如徐子元云："岭南五先生，惟仲衍清圆流丽，如明珠走盘，不能自定。"王元美云："孙仲衍如豪富儿郎入少年场，轻脱自好。"李时远云："仲衍豪迈玮丽，足追作者。其七言古体不让唐人。"上述诸人的评语，多各就孙蕡诗歌的某一体而言，反映了其诗歌风格的多样性，但尚缺乏整体把握。事实上，孙蕡的诗歌风格，既表现为他所创作各体诗歌的体式风格，也体现为其主体精神特质所决定的作家风格。

孙蕡的诗歌总体风格，最佳表述为"畅适"。所谓畅适，就是舒畅顺适，即自然顺畅，一气呵成，辞采流丽，而意咏自足。这种美学风格的形成，与孙蕡豪放爽朗的性格、深厚的文学素养和游历天下的经历分不开。孙蕡在《祭灶文》中曾自称：

> 发舒蕴积，学为词章。文摛藻绘，诗咏凤凰。韩筋柳骨，玉洁金光。铺天炫耀，掷地铿锵。鸾堂凤阁，冠冕琳琅。绿窗青琐，粉艳兰香。闲云野水，惨淡微茫。牛神蛇鬼，百怪千狂。曹刘错愕，董贾回惶。海若宵哭，山精昼藏。臣之为文，可谓有成矣。

他的诗歌创作以其深厚的理学素养为基础，通过广泛学习汉唐名家，"炉锤独运，自铸伟辞"（《粤东诗海》语），从而形成了自己的风格。当然，孙蕡所创作的各种体式的诗歌还带有各自的体裁风格。在总体风格和体式风格的共同作用下，孙蕡诗歌呈现出了多彩的艺术风貌。

1.五古、乐府远师汉魏

孙蕡的五言古诗以汉魏古诗为宗。如《杂诗六首》为汉魏古诗中常见的游子思妇、羁旅怀人和边塞羁泊题材，表达方式上以铺陈为主，而夹有比兴。如其二：

> 浮萍无根株，泛泛江海间。狂风簸巨浪，漂泊何当还。亦似离家客，长年去乡关。莽莽涉万里，迢迢度千山。沉忧损精魂，远道多苦颜。无为歌此词，恻怆伤肺肝。

诗歌以浮萍喻羁客，以比兴之辞表达漂泊之苦。不过，谢榛《四溟诗话》卷四云："古体起语比少而赋兴多，贵乎平直，不可立意涵蓄。"此诗以比兴开篇，比较含蓄，显示了孙蕡的五言古体多少带了些"文人气"。

孙蕡五言古体诗多叙写身边生活、个人情事，创造了一种夹叙夹议的风格。如《安期升仙台》：

> 神仙莫可稽，欲吊迹多漫。惟有安期生，遗台粤山半。想当避秦乱，南还事冶锻。砂采芙蓉灵，火炀电光烂。丹

成遂轻举，跨鹤陟云汉。尚留如凫舄，世上作奇玩。飞腾今何之，翘首起吁叹。

此诗以议论发端，感慨神仙之难以征验，接着借安期升仙台遗址展开想象，最后则抒发了自己的游仙之思。

孙蕡有不少拟乐府诗，如《秋风词》模拟曹丕《燕歌行》、《拟今昔盐》模拟《古诗十九首》。其《秋风词》序云："魏文帝作《燕歌行》，盖《秋风》《四愁》之变，而其音韵铿锵，情思凄怆，为千古七言之祖。其后如少陵《秋风》两首、邢君实《秋风》三迭，皆本此而作者也。今特衍其词

明万历本《西庵集》书影

语，分为三首，略窃三迭之意，虽未能以配诗祖，则亦可仿佛《四愁》之遗响云。"这表明了孙蕡重视的乐府诗音韵和情思的审美标准。

孙蕡的相思离别题材的乐府诗，常常在模拟古辞的基础上，借助想象细致描写抒情主人公的神情意态、内心活动以及生活环境，反复抒写抒情主人公缠绵凄怆的情思，在叙述中描写、在描写中抒情、在抒情中说理，事、情、景、理，交织于一体。如《湘妃曲》：

> 沅江木叶下，洞庭秋水多。湘灵美清夜，隐约倚层阿。冰雪耀玉容，远山敛翠娥。风鬟散香雾，美盼溢回波。明珰结珠佩，鲛绡夹素罗。金支色璀璨，翠蕤光荡摩。小环奏玉箫，双成鼓云和。瑶管杂哀怨，清弹间啸歌。妙曲随风扬，余音泛流霞。林端舞鸾鹄，水际起蛟鼍。问汝何所思，慨叹慕重华。轩车去杳邈，黄陵起嗟峨。汀洲生蘼芜，松柏挂女萝。清涕下洒竹，斓斑隐成花。日暮天气肃，星移岁蹉跎。灵荃不可见，婉娈悲如何。九原傥可作，千载复来过。

此诗融汇《楚辞·湘夫人》之语汇意象，构造了幽幻迷离的意境，并着力描写湘夫人之绰约风姿，抒发其凄怆缠绵的怀人之情。其他如《紫骝马》以一怨妇的口吻，铺陈游侠子斗鸡走马、出入青楼的放荡生活，流露出贵游公子的趣味。《乌夜啼》写思妇思人不至，百无聊赖，以景写情，而情景无限。《饮马长城窟行》则缘题演写，运用顶针、拈连等修辞，抒发宛转缠绵之情思。

孙蕡的乐府诗，善于通过对比来表现盛衰之叹、世态炎凉、人情冷暖。如《古行路难》以翟公盛时的宾客盈门与衰时的门庭冷落进行对比，感慨"古来此道今可悲，须知荣悴亦无时"。《上京行》写南京的繁华富丽，但是乐极生悲，最后发不能及时有为的感慨 。再如《蒋陵儿》：

> 蒋陵健儿身手捷，青年好游仍好侠。锦衣绣帽彩丝囊，绿鬓葱茏映朱颊。春风二月蒋陵西，柳暗秦淮花满堤。骕骦金鞍摇日出，轻盈紫陌踏花嘶。佳人纨扇和诗赠，上客金瓶带酒携。上客留连正及时，佳人妙舞斗腰肢。舞回璧月当空见，歌罢杨花似雪飞。杨花似雪纷纷落，酣醉人前夸浪谑。自然不分揖金张，况肯低头拜卫霍。意气由来凌七贵，豪

南京蒋陵

华岂必资三略。五侯宅里听啼莺，廷尉
门前弹罗雀。扬雄寂寞掩柴扉，草得玄
成鬓若丝。岁岁年年书阁底，惟应羡杀
蒋陵儿。

　　此诗费尽笔墨极力铺陈蒋陵健儿纵情声
色、游走权门的生活，最后以扬雄的寂寞对
比，讽刺浮华少年的趋炎附势，礼赞清高志
士的安贫乐道。王夫之评价说："递换点
染，得关生不关生之妙。"
　　孙蕡的乐府诗还常常借助咏史，来表达
他对社会与政治的理解。如其《梁父吟》先
援引史实，得出"古来英俊人，所遇皆有
立"的结论，对比自己"而我独何为，幽泉

冻蛟蛰"的现实,抒发怀才不遇、壮志难酬之叹。

孙蕡还有少数反映民间生活的诗,主要借鉴了民歌,艺术上显得质朴可爱。如《牧牛词》:

朝出牛亦出,暮归牛亦归。牧牛如种树,贵在不扰之。放牛散食山下草,草香水甜牛易饱。

《耕父词》:

朝耕山下田,暮耕山下田。辛苦食筋力,持此终岁年。耕田得谷岂不乐,但愿年丰莫作恶。

这些诗,或反映农村生产生活,或总结农业生产经验,或反映农民的朴素愿望,语言笨拙中见可爱,民歌风味十足。

黄佐云:"仲衍诗,初若不经意,而气象雄浑,兴喻深致,骎骎乎魏晋之风。"孙蕡的乐府诗古朴雄浑,既有汉魏乐府之流风遗韵,又融合了诗人深切的现实体验,在明初乐府诗中独具一格。

2. 歌行琳琅可诵

歌行源于古乐府，兴起于初唐，兴盛于盛唐。孙蕡的歌行在内容上既有初唐时的"游观闺情"之作，也有盛唐时流行的以赠答抒情的歌行。前者有《广州歌》《南京行》《湖州乐》《云南乐》等。这类作品以旁观者目光描述、展现某种客观图景或事物，并从中引发相应的具有普遍意义的人生感慨。后者则有《罗浮歌寄李长史仲修》《草书歌赠颜景明隐者》等。这类作品大致采取第一人称视角，"拈一事一物为兴"，将作者的个人体验表现出来。

"游观闺情"之作如《南京行》，诗歌依次描述了南京的地理天文、宫殿甲第、文人卿相、青楼市廛，最后则表达自身寂寞之

南京古城

意，风格近似初唐卢照邻《长安古意》、骆宾王《帝京篇》。艺术上则多取初唐歌行常用的句式与修辞手法，如叠字、顶针、拈连、回环、排偶等；在声调上则根据描写对象的转换而有规律地换韵，形成了流畅圆转和跌宕铿锵之音韵美；篇法结构上则经纬交织、点面结合，发展了以偶句铺陈场景物态的赋体特点，从而形成了独特的艺术风貌。王夫之《古诗评选》认为此诗"匀适生动。虽有次序，而不落元、白，故无损于风韵。"

赠答一类以《南园歌赠王给事彦举》为代表。此诗描写南园结社的场面，以歌行来表现。是十分合适的，原因有二：一是其内容与歌行的风格特征吻合。南园诗社的生活"狂歌放浪""意气凌寰宇"，而歌行体多"放情长歌（言），贵轶荡而不贵整秩"，可尽情地宣泄诗人的主观情感，诗歌的内容与风格表里相称。二是因为歌行体"场面本身也是与作者个人的主体经验（传记性事迹）直接关联着的"（松浦友久语）。

孙蕡的歌行特别注重声情的畅适和总体风韵的流丽。其《骊山老妓行补唐天宝遗事戏效白乐天作》诗直接仿效白居易《琵琶行》，有人嘲笑其中用典不当，孙蕡特意在诗末写了一段后记：

　　余既作此诗，本戏笔吟弄以为欢笑耳。而客有问余者曰："子诗浅易明白，彷佛乐天，然用事不免多误。上林苑是汉家事，白翎雀是世曲子。百子花萼楼，恐不在骊山上。如何？"余笑曰："那知许事，且啖蛤蜊。西山朝来，颇有爽气。"

　　孙蕡认为歌行只要总体上声情流丽、琳琅可诵就可以了，实在不必过于拘泥于那些无关紧要的细节，以免影响歌行整体上的"爽"气。

3. 七古不让唐人

　　刘熙载《艺概·诗概》云："唐初七古，节次多而情韵婉，咏叹取之；盛唐七古，节次少而魄力雄，铺陈尚之。"初唐七古骈丽，重声情和风容；而盛唐七古简古，则更重筋骨和气势。孙蕡的七古多骈丽、重声情，走的主要是初唐一路。我们来看《闺中闻子规》：

　　交疏日射房栊晓，碧树初闻子规鸟。惊回残梦了无欢，惨切春愁破清悄。独宿何曾下绣帏，宁劳劝我不如归。莺花烂漫江南道，好向游人醉处啼。

　　这是一首普通的闺情诗，但写法相当有特色。子规春啼，声声唤归，本是切合闺中少妇的思夫心事的，但闺中人却恼怒子规惊扰了她深闺中的欢乐美梦，打破了这春日的宁静清悄，一正一奇之间，曲尽少妇之复杂心事。后半部分，构想了一幕动人的人鸟对话情景：我本不曾离开过深闺，又何劳你唤归。子规啊，你应该去那樱花烂漫的江南，将那沉醉异乡的游子唤归。全诗以闻鸟—怨鸟—劝鸟—托鸟为线索，情感在诗句的起承转合之间波澜起伏，将闺中少妇缠绵婉转的思念之情摹写得淋漓尽致，带有初唐七古"节次多而情韵婉"的特点。

　　孙蕡七古，多声情婉转，音韵流畅，极富音乐美。他往往不按固定的规律转韵，而追求意随韵转，因而带来了声情跌宕、婉转流利的效果。如其《赠成都画者徐文珍》句句押韵，韵脚密集而又转换频繁，形成了一种繁复的音乐之美。《题钱叔昂潇湘图》三次换韵，但韵脚的密度并不一致，则显得疏密有致。有时，他还借助句式和用字的重复，来营造一种节奏上的回环之美。如《题叶夷仲瞻云轩》多次出现相同的句式：

　　大侯作县多政声，小侯差小亦作丞。
　　乡人聚首作东语，阿堵名门生宁馨。名

门宁馨相济楚，大侯好文兼好武。小侯
词赋亦惊人，五言七言追乐府。天台本
与仙家邻，二侯亦是仙中人。芝兰玉树
晓辉映，桃花流水春氤氲。十年分散游
梁楚，匆匆高堂日将暮。大侯去家已可
怜，小侯在官心更苦。

"大侯……，小侯……"总共出现了三
次，自然形成了诗歌在音乐性上的章法节
奏。此外，此诗还有意识地重复一些用字和
主要意象。如：

乡中何物令侬羡，云去云来千万片。
云来桑梓杳莫分，云去乡关隐还见。岂
无扬子屋三椽，亦有苏秦二顷田。同居
贫贱心亦乐，富贵远别徒悁悁。三椽足
以庇风雨，二顷宁当代禾黍。

"云来云去""三椽"和"二顷"等词
汇重复、交叉出现，让人在眼花缭乱的同时
把握诗歌主要内容，这就如同主题乐句回响
在交响乐章之中，造成了一种铺排、复沓和
声情相间的效果。徐子元认为："仲衍清圆
流丽，如明珠走盘，不能自定。"其实是就
孙蕡诗歌的声情效果而言。

　　孙蕡的七古有部分作品也融合了盛唐七古的艺术特点。谢榛云："格高气畅，自是盛唐家数。"杨载《诗法家数》论及七古的创作要求："七言古诗要铺叙，要有开合，有风度，迢递险怪，雄俊铿锵，忌庸俗软腐。须是波澜开合，如江海之波，一波未平，一波复起。又如兵家之阵，方以为正，又复为奇；方以为奇，忽复是正。出入变化，不可纪极。"孙蕡部分七古具有纵横豪宕、大开大阖、文情变幻、雄俊铿锵的特征。如《晚发英德》：

　　　　山城斗大临江横，数椽茆屋炊烟青。
炎风吹林桂花落，斜日倒影沧江澄。沧

英德（《荷使出访中国记》扉页插图 12）

浪万顷舟如叶，舟子齐桡歌激烈。一篙
新水静悠悠，今日江头雨初歇。

雨后的江面，分外地宁静。斗大的小
城，横阔的大江，随风簌簌而下的桂花，倒
映沧江的落日，形成了一幅空间极为阔大的
构图。散落于浩淼江面的小船，是否就是岸
边桂花飘下的落叶？不，那里有船夫在放
声高歌，提醒诗人这只是一个诗意的误会。
如果说前四句是动与静的和谐，那么后四句
则是静与闹的统一。此诗首二句写出了对英
德的总体印象；三四句以特写镜头来抓拍江
城晚景；五六句，紧承而下；最后四句，则
一反常态地补叙时间。全诗开合有致，语句
浑雄，格调苍古。

4. 七律高华壮阔

孙蕡的七言律诗，善于借助神话传说和
人文故事，塑造一种神秘幽渺的氛围。如
《凤凰台》：

绮翙千年去已遥，古台犹见碧岧峣。
枫林晓露迷三楚，柳陌春风暗六朝。狂
客昔时挥彩笔，飞仙何处捻琼箫。惟余
一道巴江水，流向天门作海潮。

南京凤凰台

　　据《江南通志》载："凤凰台在江宁府城内之西南隅，犹有陂陀，尚可登览。宋元嘉十六年，有三鸟翔集山间，文彩五色，状如孔雀，音声谐和，众鸟群附，时人谓之凤凰。起台于山，谓之凤凰山，里曰凤凰里。""凤凰台上凤凰游，凤去台空江自流。"这是唐代大诗人李白登金陵凤凰台时留下的优美绝唱，凤凰台也因此而闻名遐迩。

　　孙蕡此诗首四句以浪漫的神话传说，对照幽渺的眼前景象，目光却横跨三楚，深透六朝，景物描写中渗透了时空变幻的深沉感慨。后四句以深具人文意蕴的李白形象，与奔流不息的长江之水默默对照，表达了一种深沉的关于自然、历史、人生的思考。全诗颔联、颈联对仗工整，格律精严，意境开阔，而尾联收束尤为惊警，发人深思，耐人寻味。又如《观海》诗云：

> 海上蟠桃冬著花，蓬壶高处敞仙家。天寒雾雨笼鲛室，夜久星辰泊钓槎。神女步莲珠结凤，醉翁题竹墨淋鸦。连鳌未试任公手，欲借前筹纪岁华。

蟠桃、鲛室、钓槎，尽是神仙居处；仙家、神女、任公，都为神仙人物。这首写景诗，借助想象，营造出了缥缈神秘的神仙世界，从而也使诗歌呈现出神奇瑰丽的艺术风格。

孙蕡的七律，常常调动多种感官，将主观情怀与客观事物融于一体，使作品情思流动，感慨深沉。如《思家古河》：

> 古河烟草暗南天，此去乡园路几千。燕子来时春寂寂，海棠开后雨绵绵。沧江水绕吟诗社，绿渚花明载酒船。更忆故人王给事，愁来书破薛涛笺。

此诗将眼前景象与故乡人事交织写出，尤具兴味。首两句写异乡景触动了诗人的故园情；三四句融情入景，"寂寂""绵绵"两个叠词的运用，状物抒怀，颇得一语双关之妙；五六句回忆最为牵动诗人情怀的南园诗社活动；最后两句则点出对往日最为亲密的朋友的思念。情感层层递进，情意幽长，言已尽而意无穷。又如《拜祖墓》：

> 芳草凄凄夕照前，独将春酒酹荒阡。已嗟人事成千古，才说清明又一年。满目江山增旧恨，一村榆火起新烟。从来俯仰伤怀抱，不似于今倍黯然。

此诗作于洪武十一年（1378）秋，孙蕡被罢归田里，回到故乡，拜祭祖墓而作。无辜被贬，壮志难酬，宦途不足为外人道的痛苦，只有在祖先的坟前方可尽情宣泄。"芳草凄凄"虽是寻常意象，但是在此诗中却包含复杂情思，时间流逝的伤感、仕途坎坷的辛酸、功业无成的惭愧，尽在那一盏祭祖的春酒之中。坟中人已成千古，坟外人则仍在岁月的流逝中蹉跎。对于落魄归乡、百感交集的诗人来说，故乡的风物，不过让人黯然神伤而已。此诗将事、情、景融于一体，风格沉郁顿挫，读之让人泪下。

5. 七绝立意奇警

孙蕡的七绝，章法与立意都以奇警见长。前者如《寄王彦举》："绿杨阴下玉骢嘶，丝络银瓶带酒携。梦入南园听夜雨，不知身在蒋陵西。"此诗前两句写南园情景，第三句追叙点出前两句所写乃梦境，最后一句醒目点明身在异乡的现实，在对比中不露痕迹地抒发羁旅愁思。王夫之指出："前两句说梦，非有意倒装。正从此说起，唯然，故高浑玄微。"

后者如《昭君》："莫怨婵娟堕朔尘，汉宫蕃地一般春。皇家若起凌烟阁，功是安边第一人。"这是一首咏史诗。古今咏昭君诗，皆突出其怨，但这首诗一反常态，要求"莫怨"，正面肯定昭君出塞的安边之功，以立意奇警见长。又如《巫山》："巫山高高知几重，朝云暮雨楚王宫。人心对面有巇险，更胜高唐十二峰。"以巫山高写人心险，比喻新奇，迥出常境，发人深省。

6. 组诗与集句诗

孙蕡笔下颇多组诗。所谓组诗，指就同一事件或同一景物，同时创作多首诗歌。如《虹县九日登五女冢五首》《幽居杂咏七十四首》《闺怨一百二十四首》等。洪武十年，宋濂以老病乞归，朱元璋赐《御制文集》一部并绮帛若干。一时文人，纷纷作诗赠别，答禄与权有《送宋承旨还金华》，史靖可有《送宋学士》，苏伯衡作《送宋起居还金华》，汪广洋作《宋景濂承旨致仕还金华》。而孙蕡竟然一口气写了三十二首,包括《送翰林宋先生致仕归金华》二十五首和《饯宋承旨潜溪先生致仕归金华》七首,将"潜溪一生事业荣遇,综托略尽"。一个人对同一事件以如此多的诗来记叙,可见孙蕡和宋濂的情谊之重和他的卓越的文学才情。

不过,这还不算规模最大的组诗,孙蕡《闺怨》组诗竟然多达一百二十四首。这组诗从女子初嫁写起,依次写别离、相思、重逢,内容上构成了一个完整的系列,可以说是闺怨题材的集大成之作。

集句,是指选取前人诗中现成诗句,重新组织,合为一篇新的作品。集句始见于西晋傅咸《七经诗》,宋代自石延年、王安石到文天祥,都喜为集句诗,文天祥《集杜诗》二百篇最为著名。

孙蕡集句诗最为有名的是《朝云》。关于《朝云》的创作,孙蕡编织了一则美丽的神话:

苏东坡与王朝云雕塑

庚戌十月,余与二客自五仙城泛

舟游罗浮。道出合江，访东坡白鹤峰遗址。还，舣舟西湖小苏堤下。夜登栖禅寺，留宿精舍。时薄寒中，霜月如昼，山深悄无人声，二客醉卧僧榻上。余独散步东廊，壁光皎洁若雪，隐约有字，急呼小童篝灯读之。字体流丽飞动，似仿卫夫人书法，诗凡十首，皆集古语而成者。……其后复书：罗浮王仙姑月夜过此，有感而赋。予惊曰：此非仙语，乃人间意态也。方欲再谛视，而灯为北风所灭，月亦烟晦，林木渐沥，作山鬼声。予毛发森竖，不敢久立，即还室掩户，踉蹡而卧。梦一美人上衣红绡衣，下系荷丝裙，从花阴中来，年可二十六七，奇葩逸丽，光夺人目，风鬟雾鬓，飒然凄冷，殆不类人世中所见者，仿佛若有金支翠蕤，导从其前后，隔竹先闻歌声，似吴人语。予侧足倾耳，竦而听之，则悠扬宛转，欲断还续，半空松柏作箫笙声，助其清婉，而蟥蚓唧唧为之击节。

　　这当然是杜撰，但是确为集句诗的产生创造了一种浪漫幽渺的故事情境。

　　集句虽然摘取他人篇章的成句，但创作的难度实际上大于一般诗体的创作。首先，它要求这些来自不同作品的诗句立意与韵律均能巧合。孙蕡做到了这一点，如"秋水为神玉为骨，芙蓉如面柳如眉"，"绕篱野菜飞黄蝶，糁径杨花铺白毡"，"去日渐多来日少，别时容易见时难"，可称巧合。

其次，它还要求诗歌整体意境的浑然一体。我们来看诗中三首朝云自叙身世之作。

其一：

> 家住钱塘东复东，偶来江外寄行踪。三湘愁鬓逢秋色，半壁残灯照病容。艳骨已成兰麝土，露华偏湿蕊珠宫。分明记得还家梦，一路寒山万木中。

其二：

> 妾本钱塘江上住，双垂别泪越江边。鹤归华表添新冢，燕蹴飞花落舞筵。野草怕霜霜怕日，月光如水水如天。人间俯仰成今古，只是当时已惘然。

其三：

> 三生石上旧精魂，化作阳台一段云。词客有灵应识我，碧山如画又逢君。花边古寺翔金雀，竹里春愁冷翠裙。莫向西湖歌此曲，清明时节雨纷纷。

这三首取唐人现成诗句而经灵气融通，焕然而为一新篇章。诗中各句无一不切合诗中抒情主人公当下处境、命运、心态，信手拈来，浑然天成，根本看不出牵合的痕迹。

孙蕡集句诗的成功绝非偶然。他在任翰林典籍时，曾见唐人八百家诗和洪迈《万首唐人绝句》，并且从中选择精粹明白、人所传诵者，按题材分类编为《七言集句诗》，因此他的集句诗的创作是建立在他深厚的唐诗修养上，而非一时偶得之作。明人都穆《南濠诗话》云："本朝集句，虽多其人，视之仲衍，盖不止于退三舍也。"孙蕡《朝云》集句诗正显示了他的博学强识、深厚的诗学修养和高超的文字驾驭能力。

综上所述，孙蕡性格豪放，其诗题材丰富、风格多样，在岭南甚至在明初全国诗坛都有很大的影响力。四库馆臣评价

清乾隆本《西庵集》书影

说："蕡当元季绮靡之余，其诗独卓然有古格，虽神骨隽异不及高启，而要非林鸿诸人所及。"

就明初全国诗坛而言，孙蕡的诗歌虽然还算不上一流水准，但是能力矫元末诗坛纤弱萎靡之风，开明诗之生面。就岭南诗歌而言，孙蕡则更有其特殊意义。他在广州组织南园诗社，从而使广州形成了一个地域文人集群，为岭南诗人走出岭南、走向全国奠定了基础。他自己的诗作将大量的岭南风物纳入笔端，大大提升了岭南的文化形象。

总而言之，作为一个崛起岭南而又取得全国性声誉的诗人，孙蕡对于岭南诗派的形成有开创性贡献，在岭南文学史上有深远的影响，所以后人称之为"岭南诗宗"。

三、王郎独有谪仙风

辋川给事才且奇

王佐（1334—1376），字彦举，祖籍河东，元朝末年其父到南雄做官，经乱不能归，于是就在南海定居了。王佐天性孝悌，父亲离世时他年纪尚幼，同乡廖元正帮助料理丧事，王佐终身以对待父亲的礼节对待廖元正。廖元正的儿子犯法，王佐倾其所有为其赎罪，以报廖元正之恩，后人认为他"高风懿德，尤可仰云"。

大约在十八九岁的时候，王佐来到了广州，与孙蕡、黄哲、李德等一群志同道合的年轻人开南园诗社。为了方便诗社的活动，王佐特意筑有听雨轩。听雨轩竹林掩映，寒蕉绕窗，环境清幽。明代徐贲《题王彦举听雨轩》描写道："高竹覆南荣，寒蕉满前渚。萧闲此中意，适对清秋雨。疏当帘外飘，密向窗前聚。声闻俱两忘，悠然坐无语。"听雨轩南面有一片竹林，窗前是一泓清池，旁边种着一片芭蕉。此中情境，让人倍感闲适。听雨轩因此也成为了南园诗人雅集的好去处，听雨、品茶、吟诗、作画，成了最有诗意的事情。

王佐是南园诗社的重要组织者。黄哲《王彦举听雨轩》云：

> 辋川给事才且奇，自我相亲童冠时。高谈甚爱风雨夕，世上闲愁都不知。几回共酌东轩里，正值萧萧满人耳。当窗涤笔写《黄庭》，凉声散落鹅池水。竹外淋漓芳砌寒，檐端飞洒落花残。先生掷笔向予笑，如此宫商真可欢。况复交游尽文雅，倾倒对之情不舍。银舥夜酌凉蒲萄，琵琶嘈嘈急如泻。先生醉坐银烛低，行云入帘花气迷。喈喈屋角闻朝鸡，出门只见花成泥。当时雄笔谁更好，孙公狂歌君绝倒。横眠三日醉复醒，梦见池塘生春草。

此诗追溯了王佐的家世、回顾了二人诗酒酬唱的友谊，描绘了听雨轩的美景以及王佐在诗社中狂歌醉饮的浪漫生活。王佐也因

广州番坊中的寺庙，从光孝寺远眺六榕寺

此赢得了"听雨先生"的雅称，他自得其乐地将自己的诗集题名为《听雨集》。

在诗社诸公中，王佐与孙蕡因为年龄个性接近而关系最为亲密。孙蕡自称："河东与余为同庚，情好尤笃。"孙蕡现存作品中有九篇提到王佐，占现存南园诗歌总数一半以上。孙蕡《南园歌赠王给事彦举》云：

群英组络照江水，与余共结沧洲盟。沧洲之盟谁最雄？王郎独有谪仙风。狂歌放浪玉壶缺，剧饮淋漓宫锦红。青山

74

日落情未已，王郎拂袖花前起。欢呼小玉弹鸣筝，醉倚庭梧按宫徵。哀弦泠泠乐未终，忽有华月出天东。

描绘了王佐在诗会上击壶痛饮、纵情放歌的狂态。孙蕡和王佐的诗歌唱和，几乎没有一首不提南园。如《怀王彦举》：

早岁南园开洛社，哦诗纵酒野云边。元龙豪气三千丈，翰苑文章二十年。春暖翠环歌白雪，夜阑银烛飏青烟。幽期寂寞沧洲里，何日天风泛画船。

此诗回顾了当年在南园的纵酒赋诗生活。王佐与孙蕡二人在白云山琪林共同创作联句《琪林夜宿联句一百韵》，全面回顾了当日南园结社情景和各自的生平抱负，是研究南园诗社最重要的一手资料。

元至正十八年（1358），南园诗社因为战乱而离散，王佐回到南雄避乱。其《戊戌客南雄》诗云：

寂寞江城晚，依依独立时。回风低雁鹜，返照散旌旗。家在无人问，愁来只自知。几回挥涕泪，忍诵《北征》诗。

南雄（《荷使出访中国记》扉页插图 16）

离开诗社友人，自然感到寂寞，而社会的乱离也激起了他济世救民之心。至正二十三年（1363），何真自惠州出兵，击败发动叛乱的匪首邵宗愚，被元朝廷任命为江西行中书省左丞，并于此年开署求士，王佐与赵介、李德、黄哲并受礼遇，称"五先生"。

王佐为何真掌管书记，军中大事多见咨询。当时肇庆有一地方割据势力李质实力颇大，王佐和孙蕡一起劝何真派人与之修好，何真随即派遣王佐和孙蕡往肇庆说服李质接受管辖，他们顺利地完成了任务。在肇庆期间，王佐发现李质帐下招纳了许多岭外名士，回来后就向何真报告，劝他派遣使者赴肇庆招致人才，当时广府一带稍微有点名气的文人都到了何真麾下，何真由此号称得士。

明统一后，何真入朝为官，王佐则回到故乡南雄隐居，度过了一段陶渊明似的隐居生活。洪武六年（1373），吏部使者认为王佐有才学，因而向朝廷推荐，王佐因此被征为给事中。给事中虽然只是正七品的小官，但是负责侍从、谏诤、补阙、拾遗、审核、封驳诏旨、驳正百司所上奏章、监察六部诸司、弹劾百官等大事，可说是官小权重。王佐对这一职位十分看重，认为是一个报效国家的好机会，尽职尽责建言献策，常常获得明太祖朱元璋的肯定。

有一次，明太祖为了笼络臣下，显露天威，特意将一匹西域贡献的黄色宝马赐给了大学士宋濂，并赋诗记载这件事，且让各位词臣唱和。正当大家冥思苦想之际，王佐援笔立成《应制赐宋承旨马》。此诗开篇盛赞洪武皇帝统一天下，四方归心；接着描写西域贡马；最后点出皇上赐马之意，提醒"须知君恩深如海，臣骑黄马当赤心"。这首七言应诏诗层次清楚，转折自然，一气呵成，道尽开国皇帝的恩威。洪武帝览之而喜，认为可以作为当世名作，当即赏赐王佐一锭钞。

还有一次，王佐和同事刘三吾一起吟咏官署中的一株桂花树。刘三吾是明初著名诗人，认为王佐之诗多"高才妙语"，是传世之作。明太祖游幸的时候，总喜欢把王佐带在身边，遇到会心之处，就让他赋诗。以前影响力只限于岭南的王佐，因此诗名大振。

然而，"年光随水去，事业与心违"（《忆舍弟彦常》），生性豪放的王佐，显然并不适应在皇帝身边小心翼翼的生活。洪武初年，朱元璋尚能对文士保持尊重，因此和朝中文士度过了一段短暂的蜜月期；到了洪武中期，他的统治渐渐巩固，对功臣渐渐开了杀戒，对文士的态度也随之改变。王佐意识到了这种"伴君如伴虎"的危险，因此萌生了去意。

但是，朱元璋生性多疑，对于不肯出仕的士大夫翻起脸来就如翻书。他在《大诰三编》中说："寰中士夫不为君用，罪出抄札。"意思是说，士大夫如果不能为朝廷所用，就是罪人。所以，朋友们提醒王佐暂且忍耐一下。王佐听从了友人的建议，推迟了两年才以年老多病为由乞休。没想到，他的请辞居然得到了朱元璋的首肯，并且还得到了五千钞的路费。

王佐的功成身退，让士人们羡慕不已，就连他自己也有点始料不及。他在《发龙湾别王惟吉张廷彦》诗中说："日日摛豪纪玉音，敢期清梦到山林？贾生对策虚前席，疏傅归来更赐金。日月行瞻丹阙迥，烟霞归去草堂深。相看已是康衢叟，击壤无忘报国心。"这首诗一方面为自己终于能够全身而退感到高兴，另一方面又不忘表达对朝廷的留恋和对国家的忠心。回乡不久，王佐即病逝了，享年四十三岁，可谓英年早逝。不过，在南园五先生中有三人被杀，王佐能全身而退，显然与他对于官场风险的深刻洞察和及早抽身有关。

王佐生前曾著有《听雨集》《鸡肋集》《瀛洲集》，可大多散佚，现在留存七言古诗四首、五言律诗二首、七言律诗七首、七言绝句五首，共计18首，主要保存在《南园前五先生诗》中。

彦举雄浑典重

王佐的诗歌散佚严重，现存作品中已经难以找到他当日南园结社的作品了。其《酬孙典籍见寄》提及南园诗社的生活："忆昨交游日馨欢，清时曾议共弹冠。春风草檄将军幕，夜月联诗羽客坛。"这首诗回顾了他与孙蕡交游，共入何真幕中，一起月下联诗的惬意生活。我们可从中想见，王佐与孙蕡作为南园诗社的组织者，留下了许多诗酒酬唱的美好回忆。

王佐生性浪漫，不喜拘束。他在《醉梦轩为钱公铉赋》中自称："人生适意此为乐，何须苦觅扬州鹤？竹叶杯中阅四时，芦花被底舒双脚。"扬州鹤，指代理想中的十全十美的事物，或者不可实现的空想侈求，也用来比喻欲集做官、发财、成仙于一身，或形容贪婪、妄想。人生当随遇而安，何必追求那难以实现的虚妄。醉与梦的相通之处，就在于使人能够摆脱现实中的是非名利，达到精神的适意与自由。缘此，王佐自然不喜欢官场的迎来送往、繁文缛节。与孙蕡、黄哲、李德等人相比，他不仅出仕较迟，时间也较短。

洪武六年（1373），他被荐为给事中，甫一出任，即感厌倦，因为对比当年南园的惬意，这种小心翼翼的侍从生活，实在太不自由。其《书所见感旧》云：

> 小小银筝压坐偏，曾将古调寄新弦。芙蓉绿水秋将老，鹦鹉金笼语可怜。两鬓秋霜明镜里，十年春梦夜灯前。湖山隐约人何在？空负当年艇画船。

官场的生活或许体面，但其实就如同关在笼中的鹦鹉，虽有漂亮的鸟笼，但却永远失去了自由。不得已而挣扎在官场的诗人，告别了当年曾经激情演奏的银筝，也辜负了曾经游玩的荷池，故乡的美丽湖山依旧，可是当日的友人已各奔东西，只留下当时乘坐的画船在寂寞地等待，仿佛在呼唤诗人早日辞官归乡，重温诗社旧梦。

王佐对于仕途的感慨主要体现在他的一些赠答诗中。如《和元正见寄》：

> 早岁承书问草莱，忍将怀抱向人开。秋霜荆棘关头墓，寒雨钩辀海上台。须臾已从青镜改，梦魂曾逐片帆回。天涯一掬思亲泪，待洒泷阡万树梅。

廖元正为王佐的同乡，曾经帮王佐料理父亲的丧事，王佐对此终身感念，视为亲人，他的来信触动了王佐的思亲之情。在喜怒无常的洪武帝身边担任文学侍从的生活，有难以言说的隐痛，当接到亲友的来信时，一下子打开了感情的闸门，忍不住向友人倾诉宦途的辛酸。

因此，当他终于摆脱了官场的羁绊而得以归乡时，他的心情是无比轻松的。其《舟次匡庐寄同朝诸公》写道："天上鹓鸾还接武，江边鸥鹭已忘机。他时行部如相觅，秋水芦花是钓矶。""鸥鹭忘机"比喻淡泊隐居，不以世事为怀，而秋水、芦花、钓矶，则传神地点出了隐士生活要素。此时的诗人已是无官一身轻，他写信给昔日同僚，展望自己的归隐生活，字里行间流露的是掩饰不住的轻松与惬意。王佐的应酬唱和诗，常常向友人敞开胸怀，抒发自己深沉的人生感慨，毫无唱和诗常见的庸俗无聊的吹捧，因而真挚感人。

王佐的现存作品中，题画诗数量较多，构思精巧、别具一格。如《题桑直阁〈江山胜概图〉》，不像一般题画诗直接从描绘画面入手，而是首先回忆自己游览庐山时见到的美景，并表示自己至今都想把当年所见那一幕画下来，接着指出自己当年所见与今日所画有相似之处，才开始描写画上之景，最后通过表达归隐之思来点明画意。这样的构思，将画外之景与画上之景有效地统一起来，扩大了诗歌的表现空间，又避免了一般歌行体题画诗一味描写画上景物而导致的板

《江山胜概图》局部

滞堆砌。

其题画诗还有《题李谷清雪景》《百马图》《美人红叶图》等。其中《百马图》写得较有特色:"蹄影参差踏软红,曾观万马拥飞龙。旌旗不动金笳歇,一片川原锦绣中。"全诗并不直接写画图中骏马雄姿,而是以零乱的蹄影、凝固的旌旗等细节,侧面描写《百马图》中万马奔腾的气势。全诗虚实相生,动静结合,将对画面的描述和画意的鉴赏融于寥寥数句之中,体现了高超的艺术鉴赏力、表现力。

王佐诗歌的风格雄浑典重。孙蕡曾说:"沧洲之盟谁最雄?王郎独有谪仙风。"(《南园歌赠王给事彦举》)黄哲云:"当时雄笔谁更好,孙公狂歌君绝倒。"(《王彦举听雨轩》)当日诗人普遍认为:"构辞敏捷,王不如孙;句意沉着,孙不如王。"(《广州文人物志·听雨先生传》)王佐的思维不及孙蕡敏捷,但是诗意比孙蕡深刻。这大概是因为王佐少经丧乱,社会体验比家境殷实的孙蕡更为深刻吧。

明人黄佐认为他"才思雄浑,体裁甚工"。赵怀璨说得更具体:"彦举古风、歌行,伯仲高岑;律诗绝句,方驾虞揭。"高、岑是指盛唐边塞诗人高适、岑参,其边塞题材的七言歌行气质沉雄、慷慨悲壮,纵横顿宕、舒卷自如。虞、揭是指"元诗四大家"中的虞集与揭傒斯（另外两人为范梈、杨载）。虞集曾评价揭傒斯的诗"如美女簪花"，自己的诗如"汉廷老吏"。据说揭傒斯听到这种评论，颇不高兴，因为揭的诗写得相当典重。黄、赵二人其实都说出了王佐诗歌"雄浑典重"的特点。

事实上，王佐的诗歌，喜欢将自己的人生感悟、仕途体验寄寓在写景叙事的字里行间，因此其诗歌往往有一种沧桑感，显得雄浑深刻、典重而不流于板滞。如《忆舍弟彦常》云：

> 庭草秋仍绿，江枫晚渐稀。年光随水去，事业与心违。远海犹传箭，殊方未授衣。翩翩南去雁，故作一行飞。

此诗情景交融，情韵俱佳。首两句写景，动态写出秋意正在逼近，渲染出一种惆怅的气氛。三四句由流逝的江水，联想到岁月的流逝与事业的不如意。五六句写自己的处境，七八句以雁寓人，诗味隽永，情意幽长。又如其《书所见感旧》，被王夫之收入《古诗评选》，认为是"不浮"。"不浮"即典重沉着的意思。

总而言之，王佐以其狂放浪漫的个性、

雄浑典重的诗歌风格著称。作为元末明初南
园诗社的重要组织者，他对明初岭南诗派的
形成做出了一定的贡献；同时，他积极参与
明初朝廷的文化活动，也一定程度提高了岭
南诗人在全国的影响力。

四、人中仪表黄东阿

梦中尘业负高闲

黄哲（1334？—1376），字庸之，番禺人。黄家世为荔湾大姓，但大约在黄哲二十岁时，其父母相继离世，家道由此中落。少年黄哲刻苦学习，钻研儒家经典，很早就具有较高的经学修养。

黄哲起初并不善于作诗。有一次，他看到乡人有一部《昭明文选》，初读之下，爱不释手，但无钱购买，于是借来将全书抄写了一遍，日夜吟诵，揣摩其意，竟然无师自通学会了作诗，且颇有六朝诗歌的韵味。

黄哲性好山水，他曾经在白云山之蒲涧筑草庐一间，栖息其中，以亲近山水。其《题蒲涧读书处》云：

　　编茅临巨壑，伐木憩幽岩。摇琴初
涉涧，投册静窥潭。丽泽方求益，知人
谐所耽。灵芬遥可挹，渊物坐能探。野
褐听朝诵，霜猿闻夜谈。董帏凉结蕙，
管榻润霏岚。予志在山水，宜从云外参。

　　这样的游历活动，使他在书本之外，获
得了山水的启示，陶冶了诗性，也激发了诗
情。

　　除白云山之外，岭南名胜如罗浮、峡
山、南华等，黄哲都一一登临。不久，他觉
得岭南名胜已不足观，于是辞别家人，越过
大庾岭，北游吴楚燕齐。黄哲是南园五先生
中第一个走出岭南的人。这次游历天下，他
不仅得以饱览江山名胜，而且摆脱偏居岭南
一隅的局限，结识了天下英豪，从而有了扬
名天下的机会。

　　有一次，黄哲游历金陵，泊舟秦淮，偶
遇当地名士朱文昭、涂颖，于是握手吟咏，
共相唱和。朱、涂二人本来有点轻视来自岭
南的黄哲，所以让黄哲先写。黄哲诗成，朱
文昭、涂颖二人读后，自叹不如，说："君
才如白雪，吾虽知音，如寡和何？"意思是
说，黄哲之作如阳春白雪，高雅动人，他们
二人能够欣赏，但却写不出那样高雅的和诗
来。黄哲由是名声日盛。

元至正二十四年（1364），朱元璋驻师金陵，称吴王，招徕名儒。丞相李善长和参政张昶、汪广洋一起向他推荐黄哲，黄哲被召拜为翰林待制，入禁阁侍太子读书。这段时期，黄哲辅导太子尽心尽职，深受太子爱重，赏赐十分丰厚，朱元璋也因此对他格外重视。

元至正二十六年（1366）六月大旱，朱元璋在钟山祈雨获成功，赋七言《喜雨》诗，命黄哲等赓和。左丞相徐达北伐大捷，黄哲又奉命赋《北捷应制》。这两首诗都深得朱元璋的赞赏，因此黄哲于这一年升任了翰林典签。

洪武二年（1369），黄哲奉命出使青州、徐州，劝降地方叛乱势力。不久，他出任为山东东阿县令。在这里，黄哲表现出了杰出的治理才能，也留下了许多传奇故事。黄哲刚刚到任的时候，他手下的官吏见他不过一介书生，因而不免轻视。黄哲选择清理前任留下的案子来树立威信。由于他分析、解决问题明快果断，而且针对天下初定、民心未定的现实而采取从宽审案的原则，所以很快就审理完了积压的案件，一举赢得了全县百姓的拥护。

这一年，东阿大旱，麦苗尽凋，黄哲斋戒后，在烈日中赤脚步行到当地龙王庙求

雨，并写了一篇词旨哀恻的祷雨文，没想到
老天居然在这时下起雨来。百姓都认为这是
黄哲的功劳，因而把这场雨叫作"黄公雨"!
东阿境内有一条狼溪，溪中有怪物，常常吞
噬百姓，黄哲也写了一篇祷文祈求上苍为民
除害。没多久，风雷大作，一条青蛇因雷击
而毙于水上。上述两个故事虽然有荒诞、迷
信色彩，但是其中反映的黄哲尽心尽力为民
除害、为民造福的形象，应该是可信的。

　　事实上，东阿当时刚刚经历了"毛贵之
乱"，老百姓大多抛弃家园流徙他乡，他们
听说黄哲的善政后纷纷回来恢复旧业，东阿
由此而人口日多，渐渐恢复了生机。洪武四
年（1371），黄哲升任东平通判。东阿士民
夹道相送，依依不舍。

　　黄哲到了东平后，正赶上黄河的东平梁
山段决堤，中书省发文要求地方疏浚，黄哲
具体负责了这个工程。当时有官员主张采用
堵塞的方法，但是黄哲认为前朝曾用过这类
方法而失败，因此主张用疏浚的方法。因为
方法得当，黄河决堤修复工作很快完成。

　　由于常常深入民间，黄哲十分熟悉地方
利弊，因此他上疏朱元璋，陈述时务数十
条。黄哲措辞激烈，言人之所不敢言，听惯
了阿谀奉承的朱元璋竟认为他狂妄而不顾事
实，一下子将他投入大牢，差点要处死。幸

亏，当时山东行省上奏他在东平捐献俸禄修建孔庙以及修筑水堤的政绩，朱元璋才让他将功抵过，无罪释放。这个事件对忠心耿耿、一心为民的黄哲来说，是一个沉重的打击。他由此深深认识到了仕途的凶险，产生了不如归去的想法，于是主动请辞。

洪武六年（1373），黄哲回到了阔别多年的故乡。黄哲本来就志在山水。当年北上之日，从来没有看见过白雪的黄哲，倚篷听雪，不禁感到惊奇："天下奇音妙韵出自然者，莫过此也。"回到故乡后，他新筑一轩，命名"听雪篷"，意在悠游山水，亲近自然。

当地官员仰慕黄哲的才学，请他负责郡中教育。于是黄哲在广州讲学授徒，一时受业者达百余人。黄哲不仅将平生学问倾囊相授，而且将自己的生平抱负寄托在学生身上，鼓励他们参加科举考试以忠君报国。他在广州任教的时间虽不是很长，但是培养了一批可用之材，为广东的教育事业做出了自己的贡献。如他的学生香山周尚文、彭秉德等，都先后中了进士。

洪武八年（1375）四月，朝廷召命黄哲到山东赴任。此时的黄哲已经对仕途心灰意冷。加之这一年，南园好友孙蕡、王佐等人好不容易齐聚广州、重开诗社，黄哲实在有点不愿再度离开家乡了。因此他的赴任之行拖拖拉拉、走走停停，结果因为耽搁太久而触法，竟然因此而被杀。黄哲忠心报国，勤政为民，没想到竟因小过而遭杀戮，大家深感惋惜。当地乡亲，家家自发祭奠，纪念这位贡献卓绝的乡贤。

黄哲一生虽然短暂，但经历了青年才俊—御用文人—优秀地方官—教育工作者多次转折。黄哲留下的诗文，曾由他的儿子德舆整理为十卷。可惜的是，此集已经散佚，我们只能从《南园前五先生诗》中领略一鳞半爪。潘耒《读雪篷集》总结其生平：

> 人中仪表黄东阿，华词藻辩如悬河。秋波千顷挠不浊，但觉四坐春风和。早年通籍丝纶阁，诏选儒臣拯民瘼。百里柯亭栖凤鸾，一麾古郓翔雕鹗。交陈百务情非悆，偶蹶霜蹄众所怜。归来倅领文翁铎，回首伤心叔夜弦。朝夜开卷披光彩，一似骊珠照沧海。弟子谁为宋玉招，故人独有山公在。愁来翘首怅东津，海水溻溻海上昏。惟有白云山万叠，百年从此忆清尘。

这首诗全面总结了黄哲的才学和一生经历，表达了对他的深切同情。欧大任《五怀诗》中则称赞他品质高洁："哲也荔湾君，结茅蒲涧下。荐入侍书阁，扈跸钟山驾。雪篷罔终遁，世已微法絓。郢斤亡垩质，成风几悲咤。惟有南浦篇，湘兰遂雕榭。"对其被杀表示了惋惜。

都似齐梁五字诗

黄哲现存诗歌七十余首，体裁包括古乐府、五七言古诗、五七言律诗、七绝、五言排律等。与他"性好山水"的个性和游宦各地的经历相一致，其作品主要有写景纪游诗和应制赠答诗两大类。

蒲涧濂泉

黄哲早期的诗歌主要反映他在岭南悠游山水的生活，主要有《题蒲涧读书处》《小塘山居》《分题赋罗浮山赠何景先百户》《寄萧道士止庵二首》《与伯贞、或华二友会》等。如《小塘山居》：

石月斜窗夜气清，禅栖无梦客灯明。
山中万籁俱岑寂，惟有松风答磬声。

此诗写诗人夜宿山中禅寺，重点不是模山范水，而是将主体对山水的体悟熔铸诗中，试图从山水中悟道，因而诗中充溢一种理趣。他的《寄萧道士止庵二首》则表达了一种"颇弃人间事，来参《内景篇》"的道教情趣。

黄哲后期遨游吴楚燕齐，活动范围较前期大为开阔，诗歌的内容日渐丰富，其写景纪游诗关注的重点已经由体悟宗教转为对人生仕途的感悟，因而多了一份沧桑感。如其纪游怀古诗《谒黄石公庙》：

榆径深深一草堂，松阶寂寂半斜阳。青山远近分齐鲁，黄石英灵阅汉唐。碑断蟠龙荆棘暗，坛空鸾鹤桧槐苍。乡人更说传书意，故国风云入渺茫。

此诗将榆径、草堂、松阶、斜阳、断碑、荆棘、桧槐等意象，置于阔大深远的历史时空当中，境界开阔深沉，风格雄浑，无疑极大地拓展了早期写景诗歌的境界。又如《河浑浑》诗描写决口的黄河：

　　河浑浑，发昆仑；渡沙碛，经中
原。喷薄砥柱排龙门，环嵩绝华熊虎
奔。君不闻汉家博望初寻源，扬旌远涉
西塞垣。绝探幽讨事奇绝，云是天津银
潢之所接。葱岭三时积雪清，流沙万派
从东决。东州沃壤，徐豫之墟。怀山襄
陵，赤子为鱼。夕没巨野，朝涵孟诸，
茫茫下邑皆涂污，民不粒食乡无庐。桑
畦忽变葭苇泽，麦垄尽化鼋鼍居。

　　此诗先从地理位置和历史传说入手写黄
河地形之险，再写黄河决口带来之巨大灾
难，诗歌境界开阔、气势雄壮，句式多变而
又错落有致，如黄河之水九曲连环、奔流不
止而又力挽狂澜，关注的重点也由个人的情
趣转向民生的苦难。

　　黄哲的纪游诗还把自己的政治理想和人
生感慨寄寓其中，表现诗人勤政爱民的品
质、恢复礼乐的愿望和忧国忧民的情怀。如
《寓治谷城寄京华亲友》：

　　疮痍未复更颠蹶，忍看呻吟日流血。
朝耕暮战同死生，抚字无才政多拙。有
时登高望远山，浮云万里何当还？令人
却忆鲁连子，一箭成名东海间。

此诗表达了对饱经战争创伤的人民的深切同情和救民于水火的愿望。而《曲阜里谒庙》云"遄回驰驱意，夙夜思仪刑"，《东平谒尧祠》云"亦播《康衢谣》，绍尔雍熙乐"，则表达了他希望明朝能恢复儒家礼乐，开创太平盛世的良好愿望。

黄哲的应制诗赠答诗也可分为两类：一类是歌功颂德之作。如《奉和圣制钟山祷雨获应》《赞相国李善长》《呈汪朝宗参议》等。黄哲的这类诗歌台阁气息很重，内容无非歌功颂德，用语典奥雅正，缺乏前期作品的清新流丽。但是，我们也应该看到，黄哲对于统一的明王朝的由衷拥护，一方面固然与他得到了朱元璋的赏识重用有关，另一方面则是因为明朝的统一结束了元末的黑暗统治，带来了文化复兴、国家富强的希望，因此其歌功颂德有真诚的一面。

黄哲这类诗歌的可取之处，在于将歌功颂德和对开国兴邦的期望以及有所作为的用世之心统一起来。如《北捷应制》：

> 王师几日定秦邮，诏发奇兵出寿州。横海楼船通楚甸，羽林旌节渡淮流。胡笳惨动关山月，戎帐威传草木秋。闻道鹰扬能奋迅，思归燕将莫夷犹。

这首诗前四句以写实的笔调，概括写出徐达北伐的赫赫战绩；后四句则借助想象，通过对战场的特写来渲染军威、号召燕将归顺大明。全诗境界开阔，格调昂扬，宣扬了大明王朝的国势与声威，也表达了对大明王朝的礼赞和拥护，无怪乎深得朱元璋的赞赏。这可以看作是开国之初文人的积极心态，与早期优游山林，谈禅论道不可同日而语。

黄哲与同僚、友人的酬唱赠答之作，彻底摆脱了第一类应制诗的种种限制，真实反映了诗人的所见所感和人生体悟，因而成为黄哲作品中价值最高的一类。如《秋日怀友》：

> 云馆秋气凉，前楹新雨歇。凉飙振清籁，炎景韬余烈。时菊有芳华，露棠飘绛叶。慨此摇落情，于焉谬司业。端忧翼发变，和俗性灵竭。贞履期可坚，玄言讵可接？渺渺睇川梁，日暮方舟涉。

司业，指主管世子学业教育的学官，据此可知这首诗写于黄哲辅佐太子之时。前面已经提到，黄哲辅佐太子深得敬重，按理说他应该很满意这种生活，但是黄哲并无沾沾自喜之感。他从物候的变迁中，感受的是岁月的流逝、年华的老去、性灵的扭曲和遁世归真心愿的睽违，而这种不足为外人道的复杂心绪，只有在怀念友人时才可以真情流露。又如《舟泊龙湾寄孙仲衍》：

吴樯楚柁十年间，又度秦淮虎豹关。眼底故人成寂寞，梦中尘业负高闲。九州风雨东南会，七泽波涛日夜还。江上思君云路杳，掀篷愁对蒋陵山。

此诗写于黄哲被罢官放还之时，诗中有对漂泊生涯的担忧，对功业无成的懊悔，对乡园故友的思念，感情真挚而又丰富。语奇笔重，雄直深厚，一气呵成。

黄哲早年通过熟读《昭明文选》而学会作诗，因此其诗歌有浓厚的六朝韵味。当时有人认为如果把他的诗放在《文选》诗中，一定难以分辨出来。黄哲曾作《过梁昭明太子墓》盛赞昭明太子萧统："文藻绚华黻，芳芬扬素襟。遗编轶正雅，旷代驰徽音。"从这里可以看出，黄哲所推崇的是一种辞藻华丽、内容充实的典雅之美。陈融《论岭南人诗绝句》认为："昭明墓下哀玄迹，都似齐梁五字诗。"说的就是他的诗歌和《文选》诗的渊源关系。四库馆臣也认为："哲之五言古体，祖述齐梁。"

其实，更准确地说，黄哲的诗学习的是"选体"风格。不过，"选体"是一个内涵模糊的概念，《文选》，所选录的古诗风格，既可以指汉魏诗的厚重、齐梁诗的浮艳，也可指乐府诗的流利自然。黄哲的诗歌创作走的是典重深厚兼取流利自然一路。黄哲有古乐府多首，风格流利自然。

黄哲的七言古体诗也较有特色，如《游泰山》《行路难为洪都义士杨安赋》《醉歌行为邝雄飞昆仲赋》等。不过，由于"古诗贵整秩，歌行贵轶荡"（许学夷语），长期创作古体诗的黄哲受到"整秩"的熏染，当他创作形式自由、体制庞大的歌行体时，便显得不那么得心应手了。明胡应麟《诗薮》认为"岭南黄哲亦长七言古，才情少劣，气骨胜之"，道理就在这里。

总而言之，黄哲参与南园诗社的时间相对于孙蕡、王佐少一些。他的诗歌创作属于自学成才，前期成就较小。但是，相对于"南园五先生"中的其他诗人，他是第一个走出岭南的人，在后期的游宦生活中扩大了视野，提升了创作水平，也扩大了自身影响，从而成长为明初诗坛的著名诗人，为岭南诗派的形成和崛起做出了一定的贡献。

五、长史好为长吉语

升沉凋壮节

李德，字仲修，番禺人，生卒年不详。从他的出仕时间以及生平经历来看，其生卒年当与孙蕡接近。李德少年时即博览群籍，经学造诣颇深，对《毛诗》《尚书》有独到研究。他自号"采真子"，估计对道教也产生过浓厚兴趣。晚年，他潜心研究程颢、程颐的理学，有人说起岭南理学，言必称李长史。李德的思想，呈现儒道一体的驳杂面貌。

元至正十一年（1351），孙蕡、王佐等人于南园结社，李德是积极参与者之一。李德有《同诗社诸公游白云寺，分韵得"千"字》《暇日游城西玄妙观》《赠虚明道人》《宿栖云庵》《栖云庵》《闲居》《峡山寺》等诗，是当日诗社活动的记载。

峡山飞来寺

　　李德曾和孙蕡、王佐、黄哲、赵介四人，一起入何真幕下，但是他当时的主要兴趣在求仙问道。不过，李德对宗教的兴趣只是一种修身养性的方式，严格说来算不上是信仰。其《栖云庵》云："道人养清虚，适与高僧处。"《暇日游城西玄妙观》则云："儒道虽异途，同归在清素。"二诗都流露出洞合儒道的趣味。

　　洪武三年（1370），李德因为精通《尚书》而被荐至京师，得明太祖亲自策问，授洛阳长史，继而调任济南、西安二郡担任郡幕。

　　明初，朝廷对于定都何地，一直争论不休。明朝以前，中国历代大一统帝国都毫不例外地定都在关中或中原地区，因为将大一统帝国的政治和军事重点投在北方，便于维护统治。然而，朱元璋起自南方，一直以南京作为自己博弈天下的大本营，因此打算定都南京。这对他的个人统治来说，也许方便得多，但其实不利于大一统帝国的长治久安。李德指出："西安、南阳皆天下大形胜所在，建不拔之基，当择而都之，江东非其匹也。"此论可谓远见卓识，天下士人普遍赞同。虽然犹豫不决的朱元璋最后还是把都城放在了南京，但是其子燕王朱棣在兵变成功后又将大明帝国的都城迁到了北平（后改名为北京）。事实证明了李德是颇具政治眼光的。

不过，李德虽然具备匡济天下的大才，但仕途并不顺利，在各地游宦前后十余年，功业无成。他向好友孙蕡表明心迹说："巩洛成尘迹，青齐入苦吟。升沉凋壮节，匡济负初心。薄宦容身得，宁辞雪满簪！"颇有壮志难酬的失意之慨。游宦既久，李德对仕途心灰意冷，因此他上书自陈年老不能为吏，却被派遣到湖广汉阳县任教谕。

地方官学的教育目的，一方面是为了"育人才"，更重要的是为了"善乡俗"。当时，汉阳还没有完全从元末的战争中恢复元气，教育未兴，县学中荒草丛生，学生也只有十余人，而且由于教化不足而显得言辞粗野。李德不仅尽心尽力启迪与教化这一批学生，而且建议官府从民间子弟中选择有学问的才士，充当师塾先生，以培养师资、扩大教育规模。他的这些做法取得了明显的成效，汉阳很快形成了尊师重教、人皆向学的氛围。他在汉阳的任期至少有六年，为汉阳的文化教育做出了重要贡献。

在汉阳的任期做满后，李德又被改派到广西义宁县任教谕。义宁地方偏僻，教育更为落后，学生纪律散漫，学风鄙陋。为了移风易俗，李德定下规程：凡是家中有吉凶事都应该请假，校方根据学生家庭情况的贫富程度而予以周济。由于李德孜孜不倦地教育，并且树立了可行的规约，当地风俗日美，县学中进入国子监习业的人也越来越多。李德卓有成效的工作赢得了人们的尊敬，当时有当权者向朝廷推荐他，但李德以年老不愿再为官为由婉辞谢绝，回到了家乡。不久，卒于家。

李德的人生选择实践了他的儒道一体的人生哲学和"清虚"的生存方式。他热心儒家教育，但又无意个人功名；他终身游走宦途，但又始终自甘寂寞。他尽管在"南园五先生"中从宦时间最长，但是因为远离政治中心而得以善终。李德有《易庵集》行世，可惜已经亡佚，只留下部分作品保存在《南园前五先生诗》中。

仲修静穆淡远

李德现存作品虽然不多，但呈现了阶段性变化。从内容来看，李德诗歌多"理趣"：其早期作品多写景以悟道，后期作品则将人生体验和哲理思辨融合。从风格上看，李德早年主学李贺，中年主学陶渊明，晚年诗风则接近杜甫。

李德的早期诗作，多写其游乐生活，主要通过写景来说理。如《同诗社诸公游白云寺，分韵得"千"字》是南园诗社活动时众人分韵赋诗的作品。诗云：

> 扣萝扣禅关，长啸青云巅。山开西北日，水豁东南天。凉叶散虚席，暝林啼清猿。浮云触石起，顷刻遍大千。悟言造真适，谈空忘至言。何当登绝顶，俯视苍苍烟。

白云寺位于广州白云山，背靠南坡山，面对东山顶，上有危岩，下临深谷。此诗首六句写出了白云寺的险要位置及奇妙景象；后四句则由景悟道，写出游览时的内心体验。

明代羊城八景之"白云晚望"旧址

　　李德的写景诗，流露出比较浓厚的仙道情趣。如《赠虚明道人》云："王乔并羡门，吾与尔同调。"《栖云庵》云："道人养清虚，适与高僧处。垢净俱已忘，孰为舍与取？诸幻既远离，白云日相与。何当谢时人，来作尘外侣。"都流露了浓厚的神仙思想。

　　李德前期诗歌，多模仿李贺的风格。孙蕡曾戏谑他"子真浑元皇帝远孙也"。意思是他的诗歌风格过于接近"唐诸王孙"的"诗鬼"李贺。如李贺创作有《十二月乐词》，而李德模拟为《十二月乐章》，以全年（含闰月）的景象、风物为描写对象，突出时序的变化所带来的景物变化。又如《二月》一诗：

燕梁玄玉湿，蜂蜜花房晓。铜龙啮水微，翡翠含波小。石间苔蚀菖蒲根，古魂啾啾啼晓昏。红芳碧蕊乱殷殷，蛮女剪烟插翠云。游丝萦春悬锦绮，渚闲沙白鸳鸯喜。

此诗用语颇为奇特，诗歌意象幽渺，色彩瑰丽，境界神奇，混入李贺的诗歌几可乱真。清代文学批评家陈融曾评价李德"古今语未经人道，长吉深奇乃有之。长史好为长吉语，尚难刻骨是深奇"，意思是说李德诗歌继承了李贺诗歌造语新工、意象奇特的特点，但是诗歌缺乏深刻的社会内容，也没有达到李贺那样的雕琢功力。如其《天上谣》：

玉楼琼宇晓玲珑，云轩电毂辗回风。自从羿射九日落，帝遣羲和御六龙。六龙奔属成今古，海水生尘变成土。瀛洲花发几番春，误杀秦皇并汉武。桂宫珠露滴秋香，仙仗徘徊朝紫皇。凤吹纷纷九成奏，羽衣金节韵琳琅。金河流水连云注，织女牛郎在何处。淋漓元气浩茫茫，白鹤千群驾烟雾。女娲炼石良可嗤，此事荒唐奚足疑。直怜世上人心改，至理浑沦那得移。

　　此诗模仿李贺《天上谣》，大量引述上古神话，将子虚乌有的幻境，涂上新奇瑰丽的色彩，写出了天上世界的变幻莫测、神奇幽渺，但最后两句说理，骨力稍显不足，刻画功夫尚欠一筹。其《王彦举南雄省亲》《秋情》《出城》《梅花曲》等，风格也走幽奇浪漫一路，接近李贺。

　　李德早期的诗歌，与南园诗人的古朴风格似乎不太合拍，因此在孙蕡的劝说下，他转而"力追古作"，即学习汉魏古诗，以弥补重形式而轻内容的不足，诗风从此由早期的华丽浪漫转向古朴静穆。

　　李德的这种转变，是通过学习陶渊明来实现的。其人生情趣和诗风，均受到了陶渊明的深刻影响。其《题陶渊明像》云：

　　　　渊明节概士，远慕羲皇风。荣名奚足道，甘分固其穷。得酒即为欢，箪瓢常屡空。朝出山泽游，暮归衡宇中。豪华非所贵，但愿岁时丰。秋菊或盈园，栖栖谁与同？浊醪共斟酌，日入会田翁。此士不再得，吾生焉所从？

　　这首诗准确点出了陶渊明不慕荣名的节操和栖息田园的生活方式，最后则旗帜鲜明地引陶渊明为同调。

　　李德对陶渊明的学习，首先表现为学习陶渊明的适性人生哲学。我们来看其《神释》：

　　　　大哉浑沦妙，橐籥自无穷。纲缊一已构，畀付出至公。灵台本无物，而我处其中。清虚为我体，昭明为我庸。倏忽入无间，忽来归寂空。既作百骸长，蔚为万世宗。毋从众形扰，顺适与天通。

　　这首诗对抽象的"精神"作了诗意的阐释：人的精神是混沌无穷、不可探究的；它出自每个个体，但又表现为最公正；它藏于人的心灵之中，以清虚为体，以昭明为用；它来去无影无踪，但又统摄着人的形骸。我们不能去打扰它，只有顺应它。顺适精神，即顺应人的本性，这是一种自然的人生哲学。在适性人生观的指引下，李德看淡了欲望，"徒令多欲者，千古恨迷津"（《仙人》）；也看淡了取舍，"垢净俱已忘，孰为舍与取"；甚至看淡了生死，"盛衰无常理，生死乃其宜"（《杂诗》）。

　　李德的诗歌，自觉学习陶渊明的诗歌。如《留题郎步山庄》《闲居》直接化用陶渊明的诗句。如《留题郎步山庄》：

出门望南山，山翳林木稠。飞鸟欣有托，吾生念归休。行行度前坂，褰裳涉荒沟。好风吹我怀，禾黍亦盈畴。人生衣食尔，过此欲何求。日夕返穷庐，聊以忘吾忧。

这首诗直接化用了陶渊明《读〈山海经〉》（其一）《五柳先生传》《自祭文》《归去来兮辞》中的语句与意象。

李德对陶渊明的模拟，不仅停留于字句之间，而且深入到了精神意蕴与整体风格。如其《种麻》诗：

种麻满东园，种花亦盈亩。麻生但芄芄，花发映户牖。荣荣能几时，零落他人手。岂如为绨绤，与君同永久。向来灼灼姿，于今复何有。

这首诗从田园生活中常见的种麻与种花入手，以种麻与种花的不同结局，肯定了一种返璞归真

陶渊明像

的生活。近人何藻翔在《岭南诗存》中评李德诗"短篇炼气归神，静穆而淡远"。事实上，李德的五言古诗写得恬淡有味，富有理趣，乃是得陶渊明诗之韵味。

李德后期诗歌，主要是受到杜甫的影响。他将自己的仕途体验与旅途见闻统一起来，诗歌的现实内容大为增加，境界有所提升，风格也转向沉郁顿挫。李德的宦情类作品往往以自己的人生经历为背景，境界开阔而感慨深沉。如其《春兴六首》模仿杜甫《秋兴八首》，以组诗的形式，完整再现自己"十年尘土一乌纱"的从宦经历和"十年驱走金陵道"的仕途体验以及"拟向溪头理钓船"的归隐情趣。第六首云：

> 江汉飘零今六载，故园迢递尚三千。新春隐几看云坐，遥夜悬灯听雨眠。彭泽官贫犹有酒，杜陵身老未归田。桃花流水深千尺，拟向溪头理钓船。

首联从广阔的时空入手概括自己的人生旅程，写出漂泊时空的久远漫长；颔联以"看云""听雨"两个细节意象写出教谕生活的闲雅；颈联则以陶渊明和杜甫自况，道出自己似隐而又未隐的生活状况；尾联以桃花流水和溪头垂钓两种典型的隐居景象写出了自己的归隐情趣。这首诗既有大笔概括，又有细节点染，情景交融、情深意长。

而其《社后漫兴》则写出了诗人的内心矛盾：

> 社燕西飞节物过，年华世事两蹉跎。晴天白鸟来无数，落日浮云看渐多。黄菊何人归短棹，红蕖秋水淡澄波。寂寥多恨凭谁遣，摇落无心奈尔何。

在做官时的隐居，毕竟不是真正的隐居，因此在寂寥的教谕生活中，诗人从春日自然节候和景物变迁中体验到年华易逝、壮志难酬的寂寥与苦闷。

综上所述，李德性格恬淡而又追求清虚，诗歌也整体上呈现静穆淡远的风格特点，虽然带有明显的模仿色彩，但艺术上也达到了一定的水准。不过，他长期宦游在湖北和广西，又不喜交游，所以在岭南和江南两大文化场域均显得不够活跃，这也限制了其文学影响力。

六、伯贞遁世真奇士

心远趣自超

赵介（1344—1389），字伯贞，番禺人。赵介为宋魏悼惠王廷美十九世孙。其父赵可，仕元，任朝列大夫、临江路治中。赵介在母亲黎氏的教导下，自幼知孝敬，与一般的乡中小儿不同。 八岁时，赵介进入社学读书，他每天坚持背诵几百字古文，大人们都觉得他进步神速。到了十三四岁的时候，赵介已经以善诗闻名，可以与当时活跃在广州的青年诗人孙蕡、王佐、黄哲、李德等人相颉颃了。

十八岁时，赵介拜当地名士黄士文为师，专门研习《诗经》《尚书》《周易》三经以至子史百家。刻苦的钻研、名师的指点，不仅使赵介的经史修养迅速提高，而且涵养了宽厚而喜怒不形于色的个性。

元至正二十三年（1363）春，赵介连遭不幸。其父被任命为龙潭尉，但半路上连同老师黄士文一起被土匪劫持，伯父赵本泉因受惊吓而死，母亲黎氏也在逃难期间病逝。当时，赵介年不满二十，但在处理家庭变故时显得老成持重。他一面多方筹资营葬已逝亲人，另一面又只身深入贼巢，成功营救父亲和老师。他的至孝之心和济危扶困的能力，赢得了乡人的普遍尊敬。

不久，何真开署求士，年仅二十一岁的赵介因才德被何真招致帐下，与孙蕡、王佐、李德、黄哲并受礼遇。赵介于此时首次参与了南园诗社活动，"南园五先生"的说法，因为他的加入而正式形成。

赵介在南园诸子中年辈最晚，性格也比较内敛，在南园结社活动中作品较少，以致后世有人认为他不曾参加诗社。黄哲有《与伯贞、或华二友会》诗，可证赵介的确参与了南园诗社。赵介《听雨》诗亦云："南园多酒伴，有约候新晴。"显然，"南园五先生"的说法，是在赵介参与后才形成。

在南园五先生中，赵介是唯一的布衣诗人。他厌弃官场，不肯与达官贵人结交，史传称他"处世淡薄而无所好，惟嗜于诗，以陶写性情"。他在居所前种了两棵松树，并将居所命名为"临清轩",其立意来自陶渊明《归去来兮辞》中"临清流而赋诗"句,意在表明他立志像陶渊明那样诗意栖居。孙蕡有《临清轩题壁》:"思君几日不相见,特向城南问隐居。巢鹤不惊流水静,一炉香烬数编书。"描绘的正是赵介的隐居读书生活。

　　明朝初建,天下士人都跃跃欲试,想有一番作为,但赵介却甘愿隐居。他的好友南海文士李翼,因人推荐而准备入朝为官,但是赵介大加劝阻,他说:"当朝的太平盛世也许可以延续很久,但是官场的风险实在太大,你就算不为自己考虑,也得为年迈的母亲着想啊!"李翼不听劝告而赴任,结果不久就因官场的倾轧而被杀。临死前,他感叹道:"赵介确实是一个高人啊!"

　　赵介面色深红,举止神态类神仙中人,达官贵人很想与之结交,但他洁身自好,不屑与他们来往。他常常往来于西樵山,与当地的八十老翁刘乐善为友,整日里相互酬唱,自娱自乐。出游时,他常常带着一个背囊,每见美景而赋诗,就将作品放入囊中,从不肯为他人留下片言只语。附庸风雅之徒,想要得到他的诗作,常常吃闭门羹。陈融《论岭南诗人绝句》称他:"出处枯荣一岁空,诗囊杖步芳丛。人间唱和无聊赖,孰似西樵八十翁。"

洪武二十二年
（1389）秋天，赵介因
自己的狷介性格而吃
了大亏。当时番禺有
一个地方缙绅，平时
看不惯赵介的做派，竟
然向京城诬告他用异
端思想蛊惑乡人，赵
介因此被逮赴京城。
到了京城，赵介辩明
了自己的冤情，终于被
释放南还。但是，南还
经过南昌时，赵介不幸
染病，卒于舟中，享年

西樵山瀑布

四十六岁。

临终前，他作遗书告诫其子曰："今世
之人，凡居丧礼不以哀戚为本，专尚虚文而
惑于异端。吾自幼读书，于知命乐天之道、
存心养性之学、鬼神幽明之迹、原始反终之
理，无不究心。是以察理颇明，不为惑也。
汝曹当继吾志，守此一道，不得效仿世人所
为。惟尊信吾儒高明正大之学，惟勤惟俭，
克忠克孝，吾含笑于地下，为有子矣。"在这
则遗嘱中，赵介总结了自己的处世原则和生
活信条：乐天知命、存心养性、重礼明道。

南昌（《荷使出访中国记》扉页插图 28）

赵介卒后，于永乐十年（1412）葬于番禺景泰乡榄坑山之原。赵介先娶李氏，卒，继娶蒙氏，两任妻子都出身番禺诗礼大家。赵介有子四人。长子洁，为李氏所生。次子绚、绎、纯及一女，为蒙氏所生。赵介及夫人蒙氏都善于教子。其四子皆善诗文，有文名，其中赵绚隐居有父风，赵纯领永乐戊子科贡举，后任监察御史。赵介因此而被追赠为监察御史。

伯贞气充才赡

赵介现存诗歌中游仙题材比较突出。其《步虚词》云：

采采清露英，皎洁玉不如。元和合真一，饮之极甘腴。自然生羽翼，何用登云车？迢迢大汉上，琼台旷清虚。永从众仙去，天风摇佩琚。

这是一次求仙生活的写照。步虚词，原为汉乐府杂曲歌词，北周庾信、隋炀帝、唐代顾况和刘禹锡等均有拟作。唐吴兢《乐府解题》："《步虚词》，道家曲也。备言众仙缥缈轻举之美。"古人认为，甘露得天地造化之元气，故饮之可以成仙。此诗前四句写诗人采集晶莹皎洁的清露，饮之感觉滋味极其甘腴，当为实写；以下数句为虚写，是诗人设想饮露之后缥缈轻举之美。

岭南道教传统深厚，赵介也确实喜好神仙之术。史载赵介"颜如丹渥，丰度类神仙中人"，又说他"不喜接达官贵人，日往还西樵石间，独与八十翁刘乐善相倡和以自娱"。前者大概就是修炼的结果，后者则是本性的流露。因此，赵介的游仙诗，表面上是游仙而实际是在咏怀。如其《寓山家留壁》最后两句"人心自高下，于我良晏如"，道出了诗人之游仙诗其实是借神仙世界的自由美好来否定现实世界中的人心不古。《南楼对月》末两句云："但愿清尊常对月，今人古人何足伤!"化用李白《将进酒》"人生得意须尽欢,莫使金樽空对月"句意。由此可知,赵介之游仙在旷达的表面,其实蕴藏着对现实的隐忧。

赵介还有相当部分有关世教之作。四库馆臣指出:"介诗为陈廷器所称赏,许其有关世教,而所存太少,亦不足以见其全。"这句评语提醒我们不要单纯把赵介理解为一个不食人间烟火的隐者,他其实像陶渊明一样,也有着金刚怒目、关怀世事的一面。我们来看其《瑶池》诗:"宴罢瑶池暮雨红,碧桃花落几番风。重来八骏无消息,拟逐青鸾入汉宫。"这首诗实际上是一首咏史诗,对历代统治者荒淫误国、不重人才、只近女色的行为进行了辛辣的讽刺,但写得十分含蓄曲折,在写法上比较接近李商隐、刘禹锡的咏史之作。

王夫之在《明诗评选》中评价此诗说:"深于讽刺者,习读者不知。"此诗讽刺之深在于首两句并没有直接铺陈宫廷内的纵欲生活,而是从宴罢后宫苑中池水的变红、桃花的飘落着笔,让人借此推想宫中宴饮时的恣意狂欢和奢侈糜烂;后两句则以用典、比喻和对比等修辞手法,来曲折讽刺汉皇的重色误国。八骏,相传为周穆王的八匹名马,这里借指国家之人才;青鸾,原指古代传说中

117

凤凰一类的神鸟，这里实际指宫女。富有才能的骏马无人赏识，默默无闻，而以色事人的宫女却得宠宫中，飞扬跋扈，这真是莫大的讽刺！

赵介的诗歌，大多词采华丽、富于哲理，因而显得情韵深长。如其《怀仙吟题〈玉枢经〉卷后》云："我昔采药罗浮巅，仙人招我游诸天。天门洞开三十六，琳宫贝阙相连延。"《玉枢经》是道教的语录体经典，由天尊讲述成仙之道，内容玄妙抽象。赵介学习借鉴李白的《梦游天姥吟留别》，先以优美华丽的词藻、浪漫的想象，具体描绘神仙世界的美好景象以及各类神仙人物的玄妙神情，再写自己对仙境的微妙体悟，将玄妙精微的宗教义理内蕴于华丽瑰奇的形象之中，使诗歌既有形象之美，又蕴含哲理之妙。

哪怕是短诗，赵介也能做到这一点，如《长门怨》"泪将寒漏水，夜夜滴空壶"，将寒夜漏壶的滴水，比作宫女的眼泪，以其夜夜空滴写出宫女的无尽痛苦与哀怨，生动传神，意蕴悠长。又如其《听雨》诗：

> 池草不成梦，春眠听雨声。吴蚕朝食叶，汉马夕归营。花径红应满，溪桥绿渐平。南园多酒伴，有约候新晴。

紧扣一"听"字，以春蚕食叶、汉马归营写雨声；以落花满地、溪水平桥写雨势与雨量，化无形为有形，确实是一首情韵俱佳的作品。

赵介诗歌的艺术特点，其实是他人品、才性和知识外化的结果。陈琏指出："羊城赵先生伯贞，气充才赡，发为诗歌，实肖其人。……长篇短章，葩华光彩，……往往度越流辈，非特人品之高，才华之俊，亦由气之盛也。"这里所说的"气"，是"腹有诗书气自华"之"气"，即一种由胸中博大精深的知识修养所外化出来的精神意气。如赵介诗中的哲理意趣，其实就与他博通经史子集有关。如其《寓山家留壁》：

> 有客来何方？驾言自华胥。囊中无一物，手把太极书。象罔为我御，鸿蒙为我徒。朝观赤城标，夕弄沧海珠。去来了无碍，所憩即安居。青山出屋上，修竹当座隅。好鸟时一鸣，景寂心亦虚。泛泛巫峡舟，迢迢太行车。人心自高下，于我良晏如。

此诗前半部分将老庄意趣形象化，写出自己的道家情趣，后半部分则以自己的游仙生活，写出对道教精神的理解。在艺术上则熔铸了《庄子》文、李白诗、乐府体而又自成风格。

赵介在南园诗人中年龄最轻且终身布衣，却被列入"南园五先生"，足见其道德文章有过人之处。欧大任作《五怀诗》赞曰："伯贞遁世士，深栖向西樵。潜虬岂不媚，永谢弓旌招。清溪抚疏松，心远趣自超。柴桑临流洁，句曲听风遥。邈哉二陶后，勒铭寄山椒。"这首诗将赵介列入"南园五先生"，并赞扬了赵介不慕荣利、甘心隐居的高尚情操。

七、长存风雅壮儒林

　　岭南文化和"南园五先生"之间实际上是一种相互生成的关系：一方面博大精深的岭南文化孕育了"南园五先生"，另一方面"南园五先生"也以其诗歌创作和文化活动丰富和发展了岭南文化。

尚得古贤雄直气

　　南园五先生在元末明初崛起，成为岭南诗派的开创者。这看似是历史的偶然，但其实有一定的必然性。

　　自秦汉以来，中央政权开始在岭南设置郡县，岭南经济得到了初步的发展，教育也开始起步。最迟在西汉后期，番禺等地开始建立学校。东汉以来，学校更多，并且开始向中原输送人才，甚至出现了颇有影响的经学家，出现了诸如《异物志》等反映岭南地

六祖慧能画像

理风物的著作。

东晋时期，著名道教理论家葛洪来到岭南，隐居罗浮，道教自此在岭南生根发芽，而罗浮也因此成为道教圣地。

隋唐两代，粤东沿海交通渐趋活跃，广州成为重要的进出口口岸和世界著名的港口，著名的海上丝绸之路，就是以广州为起点的。唐时，岭南新州人六祖慧能北上蕲州学佛，学成后回到岭南，创立了中国化的禅宗顿教，岭南也自此成为佛教重地。西行取经的义净和东渡日本的鉴真，皆取道广州，进一步促进了佛教在岭南的传播。

出生于官宦世家的张九龄，少年即聪慧能文，弱冠参加科举考试获中进士，一度官拜同中书门下平章事（宰相）；其诗歌创唐诗清淡之风，成为岭南第一个具有全国性声誉的诗家；同时他主持开凿修筑梅关古道上的大庾岭驿道，大大方便了岭南与中原的经济文化交流。不过，岭南出现张九龄这样的文化巨子只能说是一个偶然现象，岭南东道当时的经济文化水平相比中原仍然相对落后。

直到宋代，由于中原人口大量南迁，岭南经济文化才获得了进一步的开发和发展。宋代广东州学、县学有了很大的发展，地方官以兴学为要务，南迁的官绅也创办书院教育族中子弟，广东的科举开始兴盛，南宋时期甚至出现了"岭外科举，尤重于中州"的局面。随着经济文化的发展，岭南士人的地域意识也逐渐上升，出现了《南海志》《南雄州志》《雷州志》《潮州图经》《韶州图经》《广州图经》等一批官修和私修志书。

不过宋代的岭南文学依然不够繁荣，只有余靖、崔与之、李昴英等人堪称名家。南宋末年，抗元斗争的前线转移到了岭南，大批士人随南宋幼帝南下。崖山海战之后，不少南下士人就地隐居，开始致力于家族教育，岭南的许多名门望族的家族史就是从这个时候开始的。

元朝末年，江淮流域农民起义风起云涌，而岭南则相对安宁，没

张九龄像

有遭受大规模战争的破坏。南园五先生,大都出自仕宦家庭。良好的教育、殷实的家境、安定的环境,为他们创造了结社吟诗的条件。他们在南园组织诗社,聚集了一大批诗人,谈文论艺,饮酒赋诗,使岭南大地第一次形成了一个数十人规模的文人集群。清人李黼平《南园诗社行》云:"孙、王欻起五管中,力挽颓纲无限功。一时声律谐九奏,象简胥鼓追姬宗。"此诗道出了南园五先生崛起岭南及其扭转岭南文学长期以来颓势的历史功绩。

"南园五先生",是以诗人群体的面目出现的。作为一个整体,呈现了岭南士人的精神面貌和文化心态。南园五先生的个人经历虽然不尽相同,但基本轨迹大体一致。元末时期,他们过着诗酒相酬、忘情山水的生活,南园诗社成为他们在乱世中的诗意栖居之所。明初,他们(赵介除外)怀着建功立业的热望,先后踏上仕途,并和明朝新政权度过了一段蜜月期。但是成长在岭南的才子们,无一例外地感到了"经世才迂不自由"。于是,有的自请外放(孙蕡、李德、黄哲),有的辞官归乡(王佐),有的干脆拒绝出仕(赵介)。他们不谙官场潜规则,对官场的尔虞我诈也不感兴趣。他们自称"依依野田雀,本在桑榆间",宣称"我本江湖远游子"，对宦途表现了一种清醒的疏远，体现了一种自甘边缘的文化心态。这大概是由于岭南地处边陲，岭南历代人物鲜少进入政治中心，因而造成了一种对政治比较冷淡的集体无意识。南园五先生呈现了岭南士人的典型文化性格。

在诗歌传统上，南园五先生也体现了岭南文化兼收并蓄的特点。他们的创作汇合了三种传统，即汉唐诗歌传统、岭南文人诗歌传统以及岭南的民歌传统。首先，继承汉唐诗歌的大传统，是南园五先生自觉与中原诗歌传统对接的有效方式。清人李威指出：

> 粤东自曲江开正始之音，嗣后作者继兴，至前后五先生创立南园以提倡风雅，古诗必综汉魏，近体必效盛唐，皆能兴复古昔，蔚为辞章之华。

古诗必综汉魏，得汉魏古诗之古直拙朴；近体必效盛唐，则得盛唐近体之雄浑气象，岭南诗歌因而形成了一种富有特色的"雄直气"。

其次，"南园五先生"还继承了张九龄以来岭南诗歌的自身传统。"文坛元帅"曲江张九龄，在中国文学史上是承上启下的人物，他一面直接继承了汉魏古诗的传统，同时直接启发了盛唐诗人。张九龄和他所继承的传统，开创了岭南文学"家三唐而户汉魏"的基本传统。屈大均《广东新语》指出：

> 吾粤诗始曲江，以正始元音先开风气。千余年以来，作者彬彬，家三唐而户汉魏，皆谨守曲江规矩，无敢以新声野体而伤大雅，与天下之为袁徐、为钟谭、为宋元者俱变，故推诗风之正，吾粤最先。

屈大均所说的"曲江规矩"，是包含汉魏和三唐的。"南园五先生"自觉学习汉唐诗歌，实际上是对岭南地域诗歌传统的继承。

再次，南园五先生的诗歌还自觉继承了岭南的民歌传统。粤俗好歌，凡有吉庆，必唱歌以为欢乐。瑶峒月夜，男女隔岭相唱和，兴往情来，余音袅袅。其辞随口成文，如古谣谚，语浅俚而情遥深，得楚骚、古乐府遗意，唱一句或延半刻，曼节长声，自回自复，不肯一往而尽，辞必极其艳，情必极其至，使人喜悦悲酸而不能自已。南园五先生集中多乐府诗作和民歌体诗作，如孙蕡、黄哲皆有《白纻词》，黄哲有《折杨柳词》，王佐有《竹枝词》。南园五先生诗歌多语浅清深、音韵铿锵之作，显示他们从岭南民歌中吸取了精华。

综上所述，南园五先生的历史意义在于以地域文人集群的方式，提升了岭南诗歌在中国文学版图中的地位。从宋元以来诗歌的演进来看，生于元末明初的南园五先生，自觉学习汉唐，实际上走了与当时中原主流诗歌不同的道路。元代早期诗人多由宋入元，创作多继承宋调；元代中期诗歌，诗学观念崇尚"雅正"，诗坛上最流行的是歌功颂德、粉饰太平和赠答酬唱、题咏书画的题材；元末诗歌虽然打破了以"雅正"观念一统诗坛的格局，写实倾向大大增强，但艺术上表现出纤弱萎靡之风。"南园五先生"以汉魏盛唐为宗，得古贤雄直之气，形成了独具一格的复古特色，以鲜明的地域特色崛起于当时的诗坛。四库馆臣评价孙蕡说："蕡当元季绮靡之余，其诗独卓然有古格。"其实，"有古格"，是南园五先生的共同风格，也是岭南诗歌的地域特色。

从中国文学发展的大背景来看，汉唐时期是我国古、近体诗歌发展的黄金时代，而自宋元以来，由于词、曲、小说等文体的崛起，诗歌开始走下坡路。而岭南文学则不是这样，南园五先生以前的岭南诗歌创作一直处在缓慢上升状态，直至元末明初，南园五先生终于在中原诗歌沉沦时实现异军突起。陈遇夫《岭海诗见序》："有明三百年，吾粤诗最盛，比于中州，殆过之无不及者。"岭南诗歌的崛起及雄直诗风的形成，其实也是中国地域诗歌发展不平衡的产物。清人洪亮吉说："尚得古贤雄直气，岭南犹似胜江南。"岭南僻处一隅，在文化选择上有自己的特色，虽难免不逮时风，但这种不追逐潮流的坚守，也使其具备了自出机杼的契机和傲然挺立的品格。

岭南佳气属英髦

南园五先生诗歌与岭南文化最直接的联系，体现在他们对于岭南风物的再现与表现。如孙蕡《荔湾渔隐》《广州歌》《白云山》《光孝寺》；王佐《戊戌客南雄》；李德《同诗社诸公游白云寺，分韵得"千"字》《宿栖云寺》《峡山寺》；黄哲《题蒲涧读书处》《王彦举听雨轩》《小塘山居》；赵介《怀仙吟题〈玉枢经〉后》《寓山家留壁》，多选择岭南山水绝佳的自然形胜和具有深厚文化传统的历史古迹为描写对象，进行多方面的描绘和热情的礼赞。如孙蕡《白云山》：

白云山下春光早，少年冶游风景好。载酒秦佗避暑宫，踏青刘铱呼鸾道。木绵花落鹧鸪啼，朝汉台前日未西。歌罢美人簪茉莉，饮阑稚子唱铜鞮。繁华往似东流水，昔时少年今老矣。荔子杨梅几度红，柴门寂寂秋风里。

白云山乃岭南胜地。战国时已有名士出入，晋朝时已风景宜人，唐朝以来便以胜地著称，宋代以来的"羊城八景"多出其中。广州人一向喜欢到此登高游览。此诗选取了岭南最具有代表性的历史人物（南越国主赵佗和南汉国主刘铱）和岭南风物（朝歌台、素馨墓以及木棉和荔枝），以欣赏和自豪的心态，呈现了岭南独特的历史与风情。

我们再来看他的《怀海珠寺》：

海上蜒珠占一泓，分明梵宇住蓬瀛。虹浮光彩生灵蚌，树拥楼台压巨鲸。湘女珮遗存颗粒，商人帆过拂檐楹。十年京国心南鹜，应负沙头白鸟盟。

珠江因江中有海珠石而得名，"相传昔贾胡挟珠经此，珠忽跃入江中。今有石屹峙江心，南汉创慈渡寺于其上，亦名海珠寺"（顾祖禹《读史方舆纪要》）。岭南大地上的美丽山水以及蕴含其中的动人传说，时时刻刻都在召唤着他乡的游子。在南园诗社形成以前，岭南山水的书写权力属于外地南下的贬谪文人。他们虽然提升了岭南在中原文化的存在感，但无一例外地将自己的伤心失意倾泻在岭南的蛮烟瘴水之中。直到"南园五先生"出现，岭南本土文人方才有能力对岭南山水进行地方化书写，并赋予岭南山水草木以人文的诗意和家园的色彩。

当"南园五先生"走出岭南时，在异乡风物的刺激下，在羁旅漂泊的困顿之中，他们笔下的岭南风物的地域特色在比照中彰显出来。以荔枝这一岭南诗歌典型意象为例：南园五先生的创作，赋予其渐次丰富的含义与文化意蕴。在南园五先生的早期诗歌中，荔枝不过是一种岭南寻常植物，在诗歌中的意义较为单纯；但是当他们远处异乡的时候，荔枝则成了家乡的代名词；如《寄高彬》其四：

蟾溪溪头潮没沙，游子十载未归家。柴门春老荔枝树，茅屋风吹卢橘花。林下举杯闻鸟雀，柳荫摇艇卖鱼虾。不知蓬艚沧江上，谁遣清吟负岁华。

而诗人们历经坎坷、伤痕累累地回到故

乡时，荔枝又与隐居生活相关。如《怀罗浮》其二：

> 误解兰缨下翠峰，十年飘泊厌西东。秋风楚塞尘随马，夜雨吴江浪打篷。旅邸寂寥芳岁换，仙游烂漫几时同。罗浮此日南薰转，无数漫山荔子红。

在岭外人士眼中，荔枝是一种奇异的水果，主要带来视觉与味觉的享受，而且又总是和迁谪的生活联系在一起，难免异域蛮荒和伤感的色彩。如唐代诗人薛能的《荔枝诗》："颗如松子色如樱，未识蹉跎欲半生。岁杪监州曾见树，时新入座久闻名。"他所关心的只是荔枝奇异的外表和自己蹉跎的命运。而在南园五先生笔下，荔枝则与富足美好的岭南生活相联系，成为诗人们困顿心灵的栖居之所，成为一个具有丰富岭南地域文化内涵的符号。

"南园五先生"的诗歌创作，还着力于岭南人文传统的构建。岭南是道教中心，也是佛教胜地，安期飞仙、葛洪炼丹、慈航普渡，这些发生在岭南大地的宗教传说和罗浮山、西樵山的五百零四峰以及遍布其中的道观寺庙，一起飞入了他们的笔下。我们来看孙蕡的《光孝寺》：

光孝寺

雨叶菩提树，天花薝卜林。尘机方外息，幽趣静中深。野色连香积，秋声杂梵音。随缘僧供里，予亦长禅心。

随岭南山水一起呈现的是"禅心"。不过，诗人以文人的趣味赏玩宗教，诗中的宗教意味并不突出，反倒是以写景见长，从景中透出隐居意趣。

南园五先生还有意建构岭南的文学传统。孙蕡曾写《张曲江祠》赞美张九龄：

铁石肝肠鲠不阿，千年庙享未为过。

胡儿反相知偏早，人主荒淫谏亦多。金
鉴录存明皎日，玉环事杳逐流波。岭头
手种松犹在，想见高材拄大罗。

　　在诗人眼中，张九龄的正直形象如大庾
岭上的挺拔青松，标志着岭南文学的崛起。
他还为宋末岭南爱国学者区仕衡作《上舍墓
公表》，赞扬上舍公的爱国精神，"亦欲使
五岭以南万世知有上舍先生而已"。南园五
先生，一方面将岭南自然景色诗化美化，另
一方面又努力构筑岭南的人文传统。可以
说，只有在南园五先生笔下，岭南风景和人
物才完全融为一体，得以矗立于中国文化的
坐标之中。

张九龄祠

南园五先生对于岭南文化的构建，在岭南文化史上值得大书特书。唐前岭南本土文人甚少，唐宋北方文人多因迁谪而来到岭南。他们大多只是把岭南当作一个驿站，人与自然呈现紧张对立的状态，处于文化弱势区域的岭南，在他们眼中不过是瘴疠蛮荒之地，顶多不过有几分新奇而已。南园五先生，是真正意义上的岭南本土文人。他们生在岭南，长在岭南，岭南的山山水水，在他们笔下一改昔日阴霾的面孔，变得如此多娇，变得富有人文传统，成为可以诗意栖居的精神家园！"南园五先生"对于岭南独特的自然与文化景观的诗意描绘和深情歌颂，创造了崭新的岭南文化形象，提升了岭南文化在中国文化版图中的地位。

独使南国不寥落

南园五先生所开的南园诗社，开启了岭南诗坛好为结社的传统。明代叶春及说："国初五先生设咏社于南园，故东粤好辞。缙绅先生解组归，不问家人生产，惟赋诗修岁时之会，故社以续南园。"明人葛征奇也指出："岭海逶迤浩渺，蔚为人文，风雅代开，狎主齐盟，而首宗五先生。"

南园五先生相继辞世后，南园诗社短暂

沉寂。百余年后的嘉靖年间，南园诗社再度焕发光彩，欧大任、梁有誉、黎惟敬、吴兰皋、李时行五位岭南诗人，结社南园故址。他们自觉继承了南园前五先生的行谊风流。欧大任曾作《五怀诗》怀念南园五先生，其序云：

> 孙蕡、王佐、黄哲、李德、赵介，岭南五先生也。国初结社南园，去今二百年矣。社已废而园故在，荒竹滮池，半掩蓬藋，其行谊风流，犹可想见。俯仰异日，爰怀五章。

诗社的活动方式也是大致模仿南园诗社，不外乎分题赋诗、同题共作等。如欧大任有《仲冬朔日修复山中旧社，得"寒"字》《秋夜山楼对月，与黎惟敬、梁思伯诸君同赋》《喜梁、李二山人入社》，黎惟敬有《约卿宅同桢伯咏荷花，得"吟"字》，李时

四库本《南园前五先生诗五卷》序

135

欧大任像

《南园前五先生诗 南园后五先生
诗》书影

136

行有《喜刘德夫携侄用明如
社》诗，都是当年诗社活动
的产物。

同时，他们还自觉继承
了南园五先生的精神气质。
如梁有誉登进士第后，奸臣
严嵩父子闻其才名，欲罗致
门下，有誉不屑与之交往，
"谢病归，扃门吟哦，罕通宾
客。修复粤山旧社，招邀故
人，相与发愤千古之事。作
《咏怀》十五，诗社中人自以
为不及也"。李时行有《咏怀
五首》《感咏二十首》，叹古
伤今，是和梁有誉的同题唱
和之作。

乾隆年间，粤中士人陈
文藻等辑成《南园后五先生
诗》，熊绎组为作序云："嘉
靖年间，复有后五先生欧大
任、梁有誉、黎民表、吴旦、
李时行者，继南园以结社，
振诗学于式微。"从此以后，
欧大任等五人获得了"南园
后五先生"的称号。乾隆二
十八年（1763），粤人建"南

园前后五先生祠"于抗风轩中，南园五先生发展成为十先生。梁鼎芬诗云：

> 十子芳型尚可镌，三忠祠屋旧相连。儒生怀抱关天下，时事销沉过百年。老柳疏疏人照水，山亭隐隐竹成烟。闲来风物当谁赋，长忆陈黎一辈贤。

崇祯年间，礼部右侍郎陈子壮以抗疏得罪，除名放归广州，"复修南国旧社，与广州名流十有二人唱和"。这十二人分别是：陈子壮、陈子升、欧主遇、欧必元、区怀瑞、区怀年、黎遂球、黎邦瑊、黄圣年、黄季恒、徐荃、僧通岸，史称"南园十二子"。陈子壮、黎遂球等人还刊刻整理五先生诗集，并将其命名为《南园五先生诗》。一方面，他们在精神意脉上自觉继承南园五先生，倾慕效法南园前辈诗人的诗酒风流，留下一些放情山水、诗酒自娱的作品。如黎遂球《二月十七日社集》诗中咏道：

陈子壮像

> 故人寻白社，先雨到玄关。为爱楼中坐，

137

能看城外山。春惊前日半，晚踏落花还。诗就仍相觅，榕阴路一湾。

另一方面，这群诗人处在明清易代之际，所以集中不乏忧国忧民、感时伤乱的佳作。如陈子壮《答欧子建》、欧主遇《不寐》诗，高歌"无端重下苍生涕，不愿君王问鬼神"，表达"悲歌忧社稷"之思。在清军南下时，南园十二子中多数投笔从戎，投入了反抗清兵的斗争中，成为南明王朝抗清的中坚力量。明灭后，他们成为遗民诗人，常常借社集唱酬，以抒发胸中的郁结，表明自己的心迹，寄托故国之思。"南园十二子"成为了岭南爱国诗人的代表。

南园诗人，见证了明代的兴亡，南园诗社，也可以说是与明代相始终。陈遇夫《岭海诗见序》："有明三百年，吾粤诗最盛，比于中州，殆过之无不及者。其体大率亦三变。明初南园五先生倡之，轻圆妍美，西庵为首；嘉靖七子建旗鼓于中原，梁公与焉，所尚富丽庄重，名馆阁体；驯至启、祯，政乱国危，奇伟非常之士出，抚时感事，悲歌当泣，黎、邝诸君，发为慷慨哀伤之音，而明祚亦遂终矣。"

清初，南园在战争中遭到较大破坏，广东人多另辟新址结社。如清康熙年间屈大均修复浮丘诗社，诗社地址虽然转移，但文学精神仍是从南园而来。清代乾隆以来，南园部分得到修复，南园前后五先生都被供奉祭祀，南园文脉逐渐得到恢复。

及至清末，番禺梁鼎芬因弹劾奕劻、袁世凯而被斥逐回粤，遂与姚筠、李启隆、沈泽棠、吴道镕、汪兆铨、温肃、黄节等共八人，于辛亥（1911）闰六月十七日，聚于抗风轩，重开"后南园诗社"，号召振兴广东诗学。与会者百数十人，姚筠、李启隆作画，梁鼎芬、汪兆铨、黄节等赋诗。开会时还举办了一些文化活动，如展览广东历代名家书画，并以《过学海堂有怀阮文达公》《珠江夜月》等诗题向与会者征诗，由梁鼎芬评阅选拔，各定名次，后来辑成《后南园诗社摘句图》一册，由蒋式芬、梁鼎芬作序刊行。黄节曾作《南园诗社重开，呈梁节庵先生》：

> 盛时台笠却难忘，一赋《都人》已足伤。高会及来随老辈，雅歌还得共斯堂。兴微国俗诗将废，俯仰前尘地亦苍。独使南园不寥落，参天林木起朝阳。

此诗追忆南园盛况，感慨旧体诗歌随清末动乱而衰落，但对广东诗坛的未来仍旧充满信心，认为南园文脉不但不会断绝，而且会成长为一棵参天大树。

民国时期，又有"南园今五子"的说法。1935年，文坛名宿冒鹤亭（1873—1959，即冒广生）南来，居于辛亥革命的元老之一陈融（1876—1955）在越秀山麓所筑"颙园"，又因陈融的引荐，得识其门下的五位青年诗人。1936年冬，他作《赠今五子》诗，并题注："余心一、熊润桐、曾希颖、佟绍弼、李履庵。""五子"前着一"今"字，以示与南园前、后五子一脉相承。熊润桐和作《次韵酬冒鹤亭先生》云：

> 闻道常忧晚，于名讵敢先。抗风谁继武，得主客忘年。怀古遥云在，横空大月悬。深衷自有托，容借酒徒传。

小注云："鹤亭以南园前后五子见戏。"这表明，熊润桐接受了"南园今五子"的说法，并以接续南园诗学传统自勉。自此，"南园今五子"之名便流传于广东诗坛。这群诗人留下了一批写景咏物、抒怀说理、酬唱赠答的闲适之作，但是他们的主要创作时期为抗战以及国共内战时期，所以也颇多感时伤世、忧国忧民的作品。

清代诗人潘耒曾论及南园诗社的传承与影响：

> 南园诗社明初盛，典籍才华最出群。中叶欧梁推秀婉，末年黎邓擅清芬。地偏未染诸家病，风竞堪张一旅军。韶石凄清珠海阔，湘灵雅调至今闻。

南园诗社史，就是一部岭南诗派史的简编。自明清以来，南园实为岭南"六百年文人总会"，而南园五先生所开创的诗歌传统，为南园后学所继承。他们始终坚持"南园五先生"所形成的诗学传统，故而形成了鲜明的地域特点。

从"南园五先生"到"南园后五先生""南园十二子""后南园诗社""南园今五子"的岭南诗人，皆自觉书写与歌咏岭南自然与人文景观，皆自觉坚守"诗宗汉唐"的诗学传统。这使岭南诗歌形成一个绵延六百余年的地域诗派，有效提升了岭南的文化形象与文化地位。

《四库全书总目提要》云："粤东诗派，数人实开其先，其提倡风雅之功，有未可没者。"作为岭南诗派的开创者，南园五先生在岭南文化与文学史上的历史贡献，将永远不会被人们遗忘。这正如孙蕡故里——今顺

顺德乐从乡贤祠

德乐从镇平步村——乡贤祠门联所刻："望重三城，具见文章辉翰苑；名标五哲，长存风雅壮儒林。"

《岭南文化知识书系》已出书目

书　名	作　者	出版时间	定　价
1.禅宗六祖慧能	胡巧利	2004 年 10 月	10.00
2.广东塔话	陈泽泓	2004 年 10 月	10.00
3.明代大儒陈白沙	曹太乙	2004 年 10 月	10.00
4.南越国	黄淼章	2004 年 10 月	10.00
5.广州中山纪念堂	卢洁峰	2004 年 10 月	10.00
6.巾帼英雄冼夫人	钟万全	2004 年 11 月	10.00
7.岭南书法	朱万章	2004 年 12 月	10.00
8.西关风情	梁基永	2004 年 12 月	10.00
9.十三行	中　荔	2004 年 12 月	10.00
10.孙中山	李吉奎	2004 年 12 月	10.00
11.梁启超	刘炎生	2004 年 12 月	10.00
12.粤剧	龚伯洪	2004 年 12 月	10.00
13.梁廷枏	王金锋	2005 年 1 月	10.00
14.开平碉楼	张国雄	2005 年 1 月	10.00
15.佛山秋色艺术	余婉韶	2005 年 3 月	10.00
16.潮州木雕	杨坚平	2005 年 3 月	10.00
17.粤剧大师马师曾	吴炯坚　吴卓筠	2005 年 3 月	10.00
18.清官陈瑸	吴茂信	2005 年 3 月	10.00
19.北伐名将邓演达	杨资元　冯永宁	2005 年 4 月	10.00
20.黄埔军校	李　明	2005 年 4 月	13.00
21.龙母祖庙与龙母传说	欧清煜	2005 年 4 月	10.00
22.岭南近代著名建筑师	彭长歆	2005 年 4 月	10.00
23.潮州开元寺	达　亮	2005 年 8 月	10.00

书　名	作　者	出版时间	定　价
24.光孝寺	胡巧利	2005 年 9 月	10.00
25.中国电影先驱蔡楚生	蔡洪声	2005 年 9 月	10.00
26.抗日名将蔡廷锴	贺　朗	2005 年 9 月	10.00
27.南海神庙	黄淼章	2005 年 9 月	10.00
28.话说岭南	曾牧野等	2005 年 10 月	10.00
29.历史文化名城平海	张伟海　薛昌青	2005 年 10 月	10.00
30.晚清名臣张荫桓	李吉奎	2005 年 10 月	10.00
31.五层楼下	李公明	2005 年 10 月	10.00
32.龙舟歌	陈勇新	2005 年 10 月	10.00
33.潮剧	陈历明	2005 年 10 月	10.00
34.客家	董　励	2005 年 10 月	10.00
35.开平立园	张健人　黄继烨	2005 年 11 月	10.00
36.潮绣抽纱	杨坚平	2005 年 11 月	10.00
37.粤乐	黎　田	2005 年 11 月	10.00
38.枫溪陶瓷	丘陶亮	2005 年 11 月	10.00
39.岭南水乡	朱光文	2005 年 11 月	10.00
40.岭南名儒朱九江	朱杰民	2005 年 12 月	10.00
41.冼夫人文化	吴兆奇　李爵勋	2005 年 12 月	10.00
42.潮汕茶话	郭马风	2006 年 1 月	10.00
43.陈家祠	黄淼章	2006 年 1 月	12.00
44.黄花岗	卢洁峰	2006 年 1 月	13.00
45.潮汕文化	陈泽泓	2006 年 3 月	10.00
46.广州越秀古书院	黄泳添　陈　明	2006 年 3 月	10.00
47.清初岭南三大家	端木桥	2006 年 3 月	10.00
48.韩文公祠与韩山书院	黄　挺	2006 年 3 月	10.00
49.陈济棠	肖自力　陈　芳	2006 年 3 月	10.00

(续表)

书　名	作　者	出版时间	定　价
50.小说名家吴趼人	任百强	2006 年 4 月	10.00
51.广东古代海港	张伟湘　薛昌青	2006 年 4 月	10.00
52.粤剧大师薛觉先	吴庭璋	2006 年 7 月	10.00
53.英石	赖展将	2006 年 7 月	10.00
54.潮汕建筑石雕艺术	李绪洪	2006 年 9 月	10.00
55.叶挺	卢　权　禤倩红	2006 年 9 月	10.00
56.盘王歌	李筱文	2006 年 9 月	10.00
57.历史文化名城新会	吴瑞群　张伟海	2006 年 9 月	10.00
58.石湾公仔	刘孟涵	2006 年 10 月	10.00
59.粤曲名伶小明星	黎　田	2006 年 11 月	10.00
60.袁崇焕	张朝发	2006 年 11 月	10.00
61.马思聪	陈　夏　鲁大铮	2006 年 12 月	12.00
62.潮汕先民探源	陈训先	2006 年 12 月	12.00
63.五仙传说	广州市越秀区文联	2006 年 12 月	12.00
64.历史文化名城雷州	余　石	2006 年 12 月	12.00
65.雷州石狗	陈志坚	2006 年 12 月	12.00
66.岭南文化古都封开	梁志强　朱英中 薛昌青	2006 年 12 月	14.00
67.始兴围楼	廖晋雄	2007 年 1 月	12.00
68.海外潮人	陈　骅	2007 年 1 月	12.00
69.镇海楼	李穗梅	2007 年 1 月	12.00
70.潮汕三山国王崇拜	贝闻喜	2007 年 1 月	12.00
71.广东绘画	朱万章	2007 年 5 月	12.00
72.潮州歌册	吴奎信	2007 年 6 月	12.00
73.海幢寺	林剑纶　李仲伟	2007 年 6 月	12.00
74.黄埔沧桑	龙莆尧	2007 年 7 月	12.00
75.粤北采茶戏	范炎兴	2007 年 7 月	12.00

（续表）

书　名	作　者	出版时间	定　价
76.广东客家山歌	莫日芬	2007 年 7 月	12.00
77.孙中山大元帅府	李穗梅	2007 年 8 月	12.00
78.梁园	王建玲	2007 年 8 月	12.00
79.康有为(南粤先贤)	赵立人	2007 年 8 月	12.00
80.韩愈(南粤先贤)	洪　流	2007 年 9 月	12.00
81.广州起义	黄穗生	2007 年 9 月	12.00
82.中共"三大"	杨苗丽	2007 年 9 月	12.00
83.羊城旧事	杨万翔	2007 年 9 月	12.00
84.苏兆征	禤倩红　卢　权	2007 年 10 月	12.00
85.潮汕侨批	王炜中	2007 年 10 月	12.00
86.利玛窦	萧健玲	2007 年 10 月	12.00
87.肇庆鼎湖山	余秀明	2007 年 11 月	12.00
88.历史文化名城梅州	胡希张	2007 年 11 月	12.00
89.乐昌花鼓戏	罗其森	2007 年 11 月	12.00
90.司徒美堂	张健人　黄继烨	2007 年 12 月	10.00
91.乐昌风物与古文化遗存	沈　扬	2008 年 1 月	12.00
92.李文田	梁基永	2008 年 1 月	12.00
93.广州越秀古街巷	广州市越秀区文联	2008 年 2 月	12.00
94.名镇乐从	李　梅　蔡遥炘	2008 年 3 月	12.00
95.英德溶洞文化	赖展将	2008 年 4 月	12.00
96.陈昌齐	吴茂信	2008 年 4 月	12.00
97.丘逢甲(南粤先贤)	葛　人	2008 年 4 月	12.00
98.张九龄(南粤先贤)	王镝非	2008 年 4 月	12.00
99.陈垣	张荣芳	2008 年 4 月	12.00
100.历史文化名城肇庆	丘　均　赖志华	2008 年 7 月	12.00
101.粤曲	黎　田　谢伟国	2008 年 7 月	12.00
102.广州牙雕史话	曾应枫	2008 年 8 月	12.00
103.越秀山	曾　新	2008 年 8 月	15.00
104.六榕寺	李仲伟　林剑纶	2008 年 9 月	15.00

书　名	作　者	出版时间	定　价
105.丁日昌（南粤先贤）	黄赞发　陈琳藩	2008 年 9 月	15.00
106.陈恭尹（南粤先贤）	端木桥	2008 年 10 月	15.00
107.屈大均（南粤先贤）	董上德	2008 年 10 月	15.00
108.阮元（南粤先贤）	陈泽泓	2008 年 10 月	15.00
109.余靖（南粤先贤）	黄志辉	2008 年 11 月	15.00
110.关天培（南粤先贤）	黄利平	2008 年 11 月	15.00
111.名镇太平	邓锦容	2008 年 11 月	15.00
112.黄遵宪（南粤先贤）	郑海麟	2008 年 12 月	15.00
113.郑观应（南粤先贤）	刘圣宜	2009 年 1 月	15.00
114.北江女神曹主娘娘	林超富	2009 年 1 月	15.00
115.南音	陈勇新	2009 年 1 月	15.00
116.葛洪（南粤先贤）	钟　东　钟易翚	2009 年 7 月	15.00
117.翁万达（南粤先贤）	陈泽泓	2009 年 7 月	15.00
118.佛山精武体育会	张雪莲	2009 年 7 月	15.00
119.客家民间艺术	林爱芳	2009 年 8 月	15.00
120.詹天佑（南粤先贤）	胡文中	2009 年 8 月	15.00
121.广东"客商"	闫恩虎	2009 年 9 月	15.00
122.广府木雕	邹伟初	2009 年 9 月	15.00
123.潮州音乐	蔡树航	2009 年 10 月	15.00
124.端砚	沈仁康	2009 年 10 月	15.00
125.冯如（南粤先贤）	黄庆昌	2009 年 11 月	15.00
126.广东出土明本戏文	陈历明	2009 年 11 月	15.00
127.五邑银信	刘　进	2009 年 11 月	15.00
128.名镇容桂（顺德名镇）	张欣明	2009 年 11 月	15.00
129.名镇均安（顺德名镇）	张凤娟	2009 年 11 月	15.00
130.名镇勒流（顺德名镇）	梁景裕	2009 年 11 月	15.00
131.名镇龙江（顺德名镇）	张永锡	2009 年 11 月	15.00
132.名镇伦教（顺德名镇）	田丽玮	2009 年 11 月	15.00
133.名镇大良（顺德名镇）	李健明	2009 年 11 月	15.00

（续表）

书　名	作　者	出版时间	定　价
134.名镇陈村（顺德名镇）	李健明	2009 年 11 月	15.00
135.名镇杏坛（顺德名镇）	岑丽华	2009 年 11 月	15.00
136.名镇北滘（顺德名镇）	梁绮惠　王基国	2009 年 11 月	15.00
137.岭南民间游艺竞技（岭南古俗）	叶春生　凌远清	2009 年 11 月	15.00
138.岭南民间墟市节庆（岭南古俗）	叶春生　黄晓茵	2009 年 11 月	15.00
139.岭南古代诞会习俗（岭南古俗）	叶春生　凌远清	2009 年 11 月	15.00
140.岭南衣食礼仪古俗（岭南古俗）	叶春生　陈玉芳	2009 年 11 月	15.00
141.岭南书画名家（蕴庐文萃）	陈荆鸿	2009 年 12 月	15.00
142.岭南名人谭丛（蕴庐文萃）	陈荆鸿	2009 年 12 月	15.00
143.岭南艺林散叶（蕴庐文萃）	陈荆鸿	2009 年 12 月	15.00
144.岭南诗坛逸事（蕴庐文萃）	陈荆鸿	2009 年 12 月	15.00
145.岭南名胜记略（蕴庐文萃）	陈荆鸿	2009 年 12 月	15.00
146.岭南名刹祠宇（蕴庐文萃）	陈荆鸿	2009 年 12 月	15.00
147.岭南名人遗迹（蕴庐文萃）	陈荆鸿	2009 年 12 月	15.00
148.岭南谪宦寓贤（蕴庐文萃）	陈荆鸿	2009 年 12 月	15.00
149.岭南风物与风俗传说（蕴庐文萃）	陈荆鸿	2009 年 12 月	15.00
150.海桑随笔（蕴庐文萃）	陈荆鸿	2009 年 12 月	15.00
151.工运先驱林伟民	卢　权	2009 年 12 月	15.00
152.张太雷	林鸿暖	2009 年 12 月	15.00
153.苏轼（南粤先贤）	陈泽泓	2009 年 12 月	15.00
154.广州越秀古街巷（第二集）	广州市越秀区文联	2010 年 2 月	15.00
155.岭南名街北京路	陈　明	2010 年 3 月	15.00
156.河源恐龙记	黄　东	2010 年 3 月	15.00
157.漓江	庞铁坚	2010 年 4 月	15.00
158.历史文化名城桂林	黄伟林	2010 年 5 月	15.00
159.洪秀全（南粤先贤）	钟卓安　欧阳桂烛	2010 年 6 月	15.00
160.海瑞（南粤先贤）	陈宪猷	2010 年 6 月	15.00
161.广州轶闻	杨万翔	2010 年 6 月	15.00
162.崔与之（南粤先贤）	龚伯洪	2010 年 6 月	15.00

（续表）

书　名	作　者	出版时间	定　价
163.张之洞（南粤先贤）	谢　放	2010 年 6 月	15.00
164.清初曲江奇士廖燕	姚良宗	2010 年 8 月	15.00
165.苏六朋（南粤先贤）	朱万章	2010 年 8 月	15.00
166.雷剧	陈志坚	2010 年 8 月	15.00
167.灵渠	刘建新	2010 年 8 月	15.00
168.赵佗（南粤先贤）	吴凌云	2010 年 10 月	15.00
169.陈澧（南粤先贤）	李绪伯	2010 年 10 月	15.00
170.忠信花灯	吴娟容	2010 年 10 月	15.00
171.珠江三角洲广府民俗	余婉韶	2010 年 10 月	15.00
172.湛若水（南粤先贤）	黄明同	2010 年 10 月	15.00
173.林则徐（南粤先贤）	胡雪莲	2010 年 10 月	15.00
174.广州文化公园	曾　尔	2010 年 10 月	15.00
175.阮啸仙	陈其明	2010 年 10 月	15.00
176.周敦颐（南粤先贤）	范立舟	2010 年 11 月	15.00
177.抗倭英雄陈璘	黄学佳	2010 年 11 月	15.00
178.广州越秀古街巷（第三集）	广州市越秀区文联	2010 年 11 月	15.00
179.粤桂铜鼓	蒋廷瑜	2010 年 11 月	15.00
180.居巢　居廉（南粤先贤）	朱万章	2010 年 11 月	15.00
181.岭南大儒陈宏谋	黄海英	2010 年 12 月	15.00
182.黄佐（南粤先贤）	林子雄	2010 年 12 月	15.00
183.名镇赤坎	张健人　黄继烨	2010 年 12 月	15.00
184.陈子壮（南粤先贤）	胡巧利	2011 年 2 月	15.00
185.刘永福（南粤先贤）	江铁军	2011 年 2 月	15.00
186.包拯（南粤先贤）	李　玮	2011 年 7 月	15.00
187.张弼士（南粤先贤）	徐松荣	2011 年 7 月	15.00
188.邓世昌（南粤先贤）	林　干	2011 年 7 月	15.00
189.潮州八景	张　伟	2011 年 10 月	15.00

(续表)

书 名	作 者	出版时间	定 价
190.话说长洲	龙莆尧	2011 年 10 月	15.00
191.广州越秀古街巷(第四集)	广州市越秀区文联	2011 年 12 月	15.00
192.冯子材(南粤先贤)	吴建华	2011 年 12 月	15.00
193.张维屏(南粤先贤)	黄国声	2012 年 2 月	15.00
194.杨孚(南粤先贤)	陈碧涵	2012 年 3 月	15.00
195.佛山祖庙	关 宏	2012 年 3 月	15.00
196.林风眠	林爱芳	2012 年 5 月	15.00
197.朱执信(南粤先贤)	张 苹	2012 年 7 月	15.00
198.羊城旧语	黄小娅	2012 年 10 月	15.00
199.丘濬(南粤先贤)	吴建华 傅里淮	2012 年 10 月	15.00
200.广州越秀古街巷(第五集)	广州市越秀区文联	2012 年 11 月	15.00
201.陈启沅(南粤先贤)	吴建新	2012 年 11 月	15.00
202.驻粤八旗	汪宗猷 李筱文	2013 年 1 月	15.00
203.文天祥(南粤先贤)	袁钟仁	2013 年 1 月	15.00
204.洪仁玕(南粤先贤)	张 苹	2013 年 4 月	18.00
205.陈文玉(南粤先贤)	陈志坚	2013 年 4 月	18.00
206.容闳(南粤先贤)	陈汉才	2013 年 8 月	20.00
207.宋代沉船"南海 I 号"	曾宪勇	2013 年 9 月	20.00
208.客家山歌剧	罗锐曾	2013 年 10 月	18.00
209.岭南文化概说	陈泽泓	2013 年 10 月	20.00
210.丹霞山	侯荣丰	2013 年 11 月	20.00
211.广州越秀古街巷(第六集)	广州市越秀区文联	2013 年 11 月	20.00
212.岭南篆刻	黎向群	2013 年 11 月	20.00
213.广东汉乐	李 英	2014 年 8 月	20.00
214.苏曼殊	董上德	2014 年 12 月	20.00
215.广州海珠史话	罗国雄	2015 年 6 月	20.00

（续表）

书　名	作　者	出版时间	定　价
216.黄君璧	鲁大铮	2015 年 9 月	20.00
217.羊城谈旧录	黄国声	2015 年 12 月	20.00
218.蒲风	严立平	2015 年 12 月	20.00
219.广州海上丝绸之路	袁钟仁	2016 年 2 月	20.00
220.江璆	张荣芳	2016 年 8 月	20.00
221.邹伯奇	王　维	2016 年 8 月	20.00
222.梁培基	李以庄	2016 年 12 月	20.00
223.岭南饮食随谈	周松芳	2017 年 12 月	20.00
224.广州历史地理拾零	卓稚雄	2018 年 1 月	20.00
225.吴子复	翁泽文	2018 年 9 月	20.00
226.海派粤菜与海外粤菜	周松芳	2020 年 4 月	20.00
227.赵少昂	王　坚	2020 年 6 月	20.00
228.岭南品艺录	吴　瑾	2021 年 3 月	25.00
229.粤菜	王　亮	2021 年 12 月	25.00
230.广东画坛旧事	吴　瑾	2022 年 9 月	25.00
231.广东世居少数民族	练铭志	2023 年 11 月	25.00
232.岭南海神	许桂灵	2023 年 12 月	35.00
233.南园五先生	陈恩维	2023 年 12 月	35.00

　　注：以上已出书目，书名、定价及出版时间以出版实物为准。